不完美，但没关系

丛非从 著

广西师范大学出版社
GUANGXI NORMAL UNIVERSITY PRESS

·桂林·

图书在版编目（CIP）数据

不完美，但没关系 / 丛非从著. --桂林：广西师范
大学出版社，2023.3
　ISBN 978-7-5598-5657-9

Ⅰ. ①不… Ⅱ. ①丛… Ⅲ. ①心理学 Ⅳ. ①B84

中国版本图书馆 CIP 数据核字（2022）第 222220 号

广西师范大学出版社出版发行

（广西桂林市五里店路 9 号　邮政编码：541004）

　　网址：http://www.bbtpress.com

出版人：黄轩庄

全国新华书店经销

广西广大印务有限责任公司印刷

（桂林市临桂区秧塘工业园西城大道北侧广西师范大学出版社集团
有限公司创意产业园内　邮政编码：541199）

开本：880 mm × 1 240 mm　1/32

印张：8　　字数：140 千字

2023 年 3 月第 1 版　　2023 年 3 月第 1 次印刷

定价：68.00 元

如发现印装质量问题，影响阅读，请与出版社发行部门联系调换。

很 幸 运 ， 陪 你 一 程 。

———————

目录
CONTENTS

第六辑｜先成为自己，再寻找伴侣

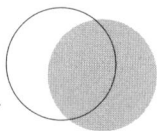

第一辑

庆祝你的不完美

接纳自己的**不完美?**
别瞎扯了好吗

1. 不是成为神，而是愿意成为人

我收到过很多反馈，很多人觉得我这个人很真实、很接地气——反馈者有我的朋友、我的学员，还有我的读者。我想了想，自己到底哪里显得真实? 于是我搜集了他们评价我的证据：

我在群里和大家讨论我不喜欢 ××，因为他太爱装。他们说：啊，学心理学的也有不喜欢的人啊。

我说：是啊，因为我喜欢装，所以我讨厌比我还无底线装的人。他们说：啊，学心理学的还能承认自己装啊。

我说：我不仅喜欢装，我还庸俗地以赚很多钱为荣。他们说：啊，学心理学的也这么在乎钱?

我写的一篇文章暴露了我是如何攻击朋友的。他们说：啊，你是学心理学的，怎么能这么攻击别人呢?

我经常在课上讲我的抑郁史。他们说：啊，你也会自卑啊，你也会抑郁啊。

有人问我：你是个心理咨询师，你会发火吗? 我说：我一般不会发火……但是，我发起火来很不一般。

好像我是个心理咨询师，我就应该是个神似的。你们有的心理问题，我就不能有吗？**心理学的目的不是让人成为神，而是让幻想成为神的人愿意成为人啊。**我觉得，学了心理学后，我的人格没有太大改变，想愤怒的时候还是会愤怒，想装的时候还是要装，想抑郁的时候还是会抑郁。不同的是：我对待自己的态度变了。

我不再觉得原来的自己有问题了。虚荣、愤怒、抑郁、攻击性，这些是问题吗？需要改变吗？

一个正常人就是会有这样或那样的糟糕感觉，就是会有这样或那样的"问题"。关键在于一个人是否拥有在不同的情境里灵活选择怎样做的能力，而从来不是不暴露"问题"。

既然这些"问题"都是正常的，那能算缺憾吗？

2. 你以为的不完美，正是你很完美的体现

当一种现象被定义为"问题"的时候，我们就觉得它不好了。**实际上，所有的存在都是有积极意义的，所有的问题都是一种资源。**我们的这些特质恰好构成了我们独一无二的秉性。

比如说愤怒。这是个问题吗？我当然要对人发火，适度的愤怒是跟人建立亲密连接的有效途径。有一次，我和一个朋友吵架，完事后他说："你以前跟我说对不起的时候，我觉得你在疏远我，现在你骂我的时候，我反而觉得很开心。你说我是不是有病啊？"

我想了想他说的话。以前我跟他说"对不起"是在跟他客气，想离他远点，不想再打扰他。这种客气是在推开他。而这次骂他，表示我对他有期待，想走近他。他的潜意识里能感受到我骂他时想

要跟他真诚连接的需求。发火是一种与人真诚连接的方式。如果一个人跟我交往时从来不发火，我会觉得，他没有信任过我，我也没有办法走近他。

比如说伤害别人。发火过度有时的确会伤害到别人。可是那又怎样呢？伤害别人是不可以的吗？当你们的关系有了感情基础后，偶尔的小伤害，是生活的调味剂。当你相信你们的关系不会因为一点点伤害就破裂的时候，你会发现你们的关系其实更亲近了。我用个更高级的词来表达伤害吧：敢爱敢恨。不敢恨、不敢伤害别人的人，他真的敢爱吗？

一个人如果跟你说"你知道吗？我从来不敢伤害你"，你会有什么感觉呢？你会不舒服吗？如果有，那种不舒服就是：他把你当弱者了，他没有真诚、自由地跟你相处。

比如说抑郁。这是问题吗？抑郁是如此美丽，它可以让人安静下来，让人拥有更加敏锐的感受力，更靠近自己的灵魂。如果一个人没有了抑郁的能力，他就会不停地燃烧自己，越来越开朗、活泼、外向，看起来风光，却迅速消耗掉了自己。狂躁就像油门，抑郁就像刹车。功能不一样，哪个是"问题"呢？

比如说内向。外向的人都在忙着交际、输出，内向的人都在忙着思考和创作。外向的人忙着征战沙场，内向的人则忙着运筹帷幄。我如果是个社交达人，我能安安静静坐下来写作吗？比起这疯那闯的人，我更喜欢安静写作的自己。有的人内向却觉得内向本身没什么好的，那他一定是忙着想他该怎么外向，而没时间看到自己拥有的资源。

比如说我自理能力差。以前我特别羡慕一个同学会生活，一个大男生生活得那么有情调，让我羡慕了四年。直到大学毕业后又四年，他来上我的课，说：我现在有点密集恐惧症。我就帮他分析了一下，发现这来自压力大和强迫症。一个时刻要把生活过得精致干净的人，要耗费多大心力啊。我还是把有限的精力放到无限的创作中吧，收拾家务的事，找一个小时工解决就好了。

比如说我爱哭鼻子。有人说，啊，男生也爱哭啊。我倒觉得：难道你不认为没有能力哭的男人更可怕吗？一个压抑了自己的委屈和脆弱的男人，要么会自闭抽离，要么会反向控制他人，非常强势。

你看，我有这么多积极的特质，这么多好用的资源。人本来就是完美的，为什么要说自己（别人）不完美，然后再大发慈悲地去"接纳"自己（别人）呢？

3. 完美，就是有好有坏

很多人不喜欢自己，是因为习惯在内心自我评判。我们受的教育让我们学会了很多"应该"：人应该上进，应该外向，应该开朗，应该脾气好，应该……然后我们认同了这些模板，也开始了对自己的切割。我们努力把自己打造成符合社会标准的人，做这些所谓"对的、好的"事情。觉得只有做到了这些，才是"完美"的。

可是我们还是做不到全部。然后一小部分人学了心理学、成功学等，他们学会了更多"应该"：人应该接纳自己的不完美，应该爱自己，应该……然后发现，连"接纳自己"也做不到，于是陷入了更深的自责和焦虑。

只要你还在努力成为另外一个人的样子，你就注定会痛苦。你在切割自己，杀死自己，企图让自己成为一个模板化的人物。但人的本能是活出自己，是活着！潜意识怎么能允许你随便杀死自己呢？于是意识上想改变，但潜意识却想活出自己，并不想改变。

因为潜意识很清楚：改变了也不是什么好事。

愤怒中既有伤害，又有联结。自责中既有痛苦，又有动力。内向既有创造力，又损失了一定的交际能力。好脾气看起来很好，却时常带着压抑。邋遢看起来凌乱，却节省了体力和时间。

无论你是一个什么样的人，都有资源，也有问题。你所谓的改变，其实不过是放弃自己的一种好，想得到另外一种好，这会让你浪费大量的时间。很可能最后的结果是，这也放弃了，那也没得到，一直奔波在路上。

你想改变，是因为你认为当下全坏，而改变了就全好了。你之所以难以改变，是因为潜意识知道：即使改变成另外一个样子，也有很多坏处，所以不想改变。

去别人待烦了的地方，把这叫旅行；变成自己讨厌的样子，把这叫成长。你总以为变成另外一个样子的"完美"就会很好，实际上，那里也有另外一个不完美在等你。你总以为明亮的白月光很美，得到后你会发现它如白米饭般寡淡的一面。

那，为什么不去喜欢自己正在生活的地方，爱自己的枕边人，享受自己本就拥有的特质呢？安住当下，欣赏原本的自己，就是一种美丽。

你可以尝试去更多的地方看看，走多远都是很好的，不要给自己设置一定要走到某个地方的目标。你可以发展出更多的人格面向，但不是一定要实现哪些特质。**不嫌弃现在的自己，这才是一场幸福的成长。**

我们拥有的一切，都是一种资源，也是一种伤害。你愿意关注哪一面，你就会使用哪一面。

4. 庆祝你的不完美

我们通常会对自己的某些特质，持四种态度：

排斥它。我讨厌它，跟它做对，我想弄死它、改掉它。然后我一直在战斗，战斗休止的时候就感觉自暴自弃了。我会不停地在心里呐喊：我不要做一个懒惰、差劲、内向、讨好型的人！你改啊！改啊！！改！改！！改！！！这是你一直以来对自己的样子。

接纳它。好吧，我依然不喜欢它，但是改不了了，我决定接受我就是这个鬼样子的现实。虽然我不喜欢，但是我接纳它是我的一部分，我不急着跟它战斗了。"接纳"，多少有些认命的感觉。这是你开始学习心理学的样子。

欣赏它。我不去排斥的时候，突然发现，哎，其实这个特质给我带来了这些那些的好处，还让我得到了某些别人没有的东西，我开始有点喜欢和欣赏它了。比如因为具有愤怒的能力，让我变得更加真实了。这时候你懂得了自己很好。

庆祝它。幸好有它，我才成了独一无二的我，才成就了今天的我，才组成了完美的我。我在心里默默为自己庆祝：啊！幸亏我是个爱炫耀的人，让我找到了这么多快乐。幸亏我是个内向的人，才让我的人生变得更深邃。虽然我的某些"问题"带给了我痛苦，但是它们带来的收益是更大的！

就像有的人不喜欢当下的伴侣，想换一个却换不了。其实当下这个伴侣虽然有缺点，但他的缺点背后还有其他方面的优点，目前带给你的综合收益是最多的。你得到了自己能力范围内最好的关系，这难道不值得庆祝吗？

努力把自己框在某种模板之下，最后可能发现，还是原来的自己好。那为什么不发挥自己本来就有的资源试试呢？

为什么要接纳自己的不完美呢？人本来就是完美的啊。**所谓的完美，不是哪里都好，而是有好有坏，但如其所是。**

接纳自己的不完美？不，庆祝吧！接纳简直弱爆了！你可以庆祝自己的不完美，如果你非要说这是不完美的话。

你**不喜欢**的性格，
正是你的**自我保护**

1. 每个人都有所有性格

我听到很多人在责怪自己性格不好，懦弱、内向、不自信、暴躁、悲观等。也听到很多人在情感关系中责怪他人性格不好而选择离开。市面上有很多种性格测试，来检验你是个什么性格的人，仿佛知道了自己的性格，就掌握了什么密钥一样。

性格这个东西，在我们眼里仿佛是不可改变的，甚至很多类似"江山易改，禀性难移"等说法也在表达我们性格的不可改变。当自己或他人的性格不够理想时，这样的想法，会让人感到沮丧甚至绝望。

可性格不可改吗？

并不。**在这个连性别都能改的年代，性格有什么不好改的。**先不说性格是否天生，这个至今没有严格的定论。但即使天生的很多东西，后天也都能改啊。关于性格，你首先要知道两个常识：

①我们每个人都具备所有的性格。你有乐观，也有悲观；你有外向，也有内向；你有善良，也有邪恶；你有豁达，也有计较。处事洒脱，疑神疑鬼，患得患失，异想天开，多愁善感，见利忘义，瞻前顾后，循规蹈矩，热心助人，快言快语，少言寡语，爱管闲事，追求刺激，豪放不羁……这些性格特点你哪个没有过呢？

②我们每个人在不同的情境下有不同的性格，也会在面对不同人的时候有不同的性格。你会在工作中勇敢，却会在感情上懦弱；你会在面对陌生人的时候侃侃而谈外向得不得了，却在面对心仪之人的时候内向到半天憋不出一句话来；你对待恋人的时候会暴躁，对待孩子的时候会强势，对待朋友的时候却宽容……

性格并不是一个固定值。当我们喜欢把自己定义为"我是一个××样的人"，当人不断给自己植入这种暗示的时候，就会僵化固着，限制个人的发展。当然，潜意识让你这么做也有它的道理，当你不断如此给自己贴标签时，你仿佛找到了自己的位置，仿佛能够隐身于某种更大的不可抗拒的力量中，并因此找到归属感和不改变的理由。

2. 性格的本质

性格的本质，是自我保护。性格就是我们待人处事的风格，是我们跟环境长期互动的结果，尤其是早年环境格外塑造性格。每个人经历的环境不一样，所以应对同样的事情时风格也不一样。

比如说懦弱。我们受伤的经验多了，做起事来就会谨慎、小心、畏畏缩缩，看起来是懦弱的。如果说一个人懦弱，可能他在某个领域里感知到的挫败比较多，对结果危险度的评估高于常态值，而他要根据自己的评估来做出反应。因此懦弱就是他的自我保护。

只不过是你没经历过他的伤，所以以你的标准来看，他不应该这么谨慎小心。如果一个人自我评价是懦弱，也是他在跟他人做了比较后得出的结论，而不是结合自己的经验下的判断。在他没有受伤的领域里，他可能比谁都勇敢。他只是受过伤，所以在受伤的领域里，表现出来的就是"懦弱"了。

比如说内向。一个人表现内向，是因为他对人际交往的危险度和困难值评估高于常态值，所以要用内向保护自己来回避社交。在他感觉没有危险和困难的关系里，他就会十分外向。

再比如脾气暴躁的人，并不会对谁都暴躁，多数时候他都具有耐心说话的能力。暴躁的人是因为在沟通中被忽视过多，在他的经验里，正常交流是无法引起别人的重视的，所以他会惯性地启用高浓度的沟通方式来引起对方的注意。你在一个坑里掉过几次，你也会习惯性地绕开它走，即使后来那个坑没了。

强势也是如此，如果我不假装自己强大到不可被伤害，你们就会来伤害我。因为我不相信有人会保护我，在我的经验里，那些该保护我的人，尤其是早年的父母，都没有尽到保护我的义务，没有人保护过我，没有人真正爱过我，所以我只能让自己看起来很强大来保护自己免受伤害。

乐观则是因为，在一个人的经验里，他做事的成功率比较高，心想事成的次数比较多，获得的正向肯定比较多；而悲观则是失败的经验比较多导致的。

性格只是一种生存之道。我们在某个领域里经受了某种同类型的刺激后，我们就摸索出了一条生存之道以让我们更好地活下来，这种模式看起来就是性格。

我们活下来后，情境和周围的人都会发生变化，但我们的潜意识会保留当时的应对模式，到了新情境里，就成了应对不良的惯性模式，就被称为不好的性格了。

这些经验越是来自早期，越容易固化。你在童年尤其是幼年时期跟父母的关系中，摸索出了应对他们给出的压力的方式，也就是我们习得的应对方式，我们称之为性格。

3. 性格要改吗？

性格不需要改，但又需要改。

我们小时候形成的这些待人处事的经验，长大后依然在很多时候都适用。对一个内向的人来说，如果他变主动，依然会有很多人会拒绝、冷漠，他还是会受伤。他依然可以用内向来保护自己。对一个暴躁的人来说，有时候别人依然会忽视他的声音，在没有更好地引起别人关注的方法前，他依然要用暴躁的方式强行唤起别人的关注，以换来沟通的可能。对于懦弱的人来说，他依然会面对很多无力应对的现实性危险，他需要懦弱来逃避危险保护自己。

性格曾经是保护，现在依然是。曾经的环境，现在依然会重复。父母构建的互动场景，长大后依然会有很多人那么对我们。

但性格又需要改。

因为长大后我们面对的世界，比小时候丰富了千倍万倍。我们曾经的经验，有时有用，有时无用，有时会有反作用。所以我们可以在保留原有经验的基础上，增加另外一种可能，而不是变成另外一种。

比如如何让自己的脾气发展出不暴躁的一面。暴躁是被忽视造成的，那采用耐心的方式或许就不会被忽视。如果你被别人忽视了，你可以采用另外一种方式表达自己，比如说："我现在很难过，我现在很需要你，我希望你可以给我一些关注，好吗？"当一个暴躁的人采用低姿态、真诚的方式表达的时候，他被关注的概率就会大很多。他被回应后，耐心就回来了。

如果你想改变一个人的悲观态度，你可以先欣赏他面对危险和失败时的自我保护，去好奇他经历过哪些挫败，然后陪他发现，世界上不仅有困难，还有简单和美好。对待某些困难，是要悲观些，但不是所有困难都需要用悲观面对。

当你的城市天天下雨，你就会自动养成带伞的习惯，这是你对自己的保护。当你换了个城市，或城市的气候发生变化的时候，你依然会惯性地出门带伞保护自己。然后就会有人责怪你有毛病，性格不好。也许你也同意别人的说法，但你就是不敢出门不带伞。

而当有人愿意给你一点阳光，你就会放下自己的伞抬头看看天，琢磨是否有必要一直把伞撑下去。但没有人给你这束阳光的时候，我也邀请你睁开眼，看看当下这个真实的世界，它已经不是以前你经历的那样了。你长大了，一切都不一样了，已经发生了很多改变。你也不再是那个弱不禁风的自己了，那么，你是否能尝试着放下一点点戒备，来适应新的情境呢？

你不是非要改变带伞的习惯。你只是多了一双眼睛判断：什么时候必须带伞，什么时候可以不用带伞。

什么是真正的
改变**自己**?

1. 你喜欢自己吗?

有的人不喜欢自己,觉得自己身上有很多"问题"。比如说,价值感低、消极、自卑、懒惰、拖延……每当他们发现自己身上有这些"问题"的时候,就想改变自己。而改变的方式常常就是对自己非常用力,用力骂、用力讲道理、用力嫌弃自己,强迫自己往另外一个方向改变。

然后你发现,还是改不了,于是越来越沮丧和挫败。在我们的课上就经常出现这样的人:

我知道人通过努力可以改变自己的命运,所以我要积极上进、勤奋精进,不要拖拖拉拉。可是我总是消极悲观,做不到积极努力,我就很挫败,责怪自己为什么这么不争气。

我还知道人应该每天早起早睡,于是每天早上床不愿意放我走的时候我就痛骂它。我知道人不应该发脾气、暴躁、情绪化,可是我从来不曾控制住半分。我知道人要节制,知道人要礼貌,知道人要宽容,我知道很多道理,可我从来没做到。

其实要求自己改变常常是无用的。很多改变有时候即使成功了,也只是看起来成功了，改变的效果也是弱不禁风的，一招不慎就回到解放前。改变自己，很难，但又让人深陷其中。只是你有没有想过：为什么改变自己会这么难呢？

2. 不改变，才是做自己

用意识强迫自己改变是很难的。压迫和反抗是共生的，哪里有压迫，哪里就有反抗。意识在自我压迫，潜意识就会反抗。如果你用意识强迫自己变得自信、外向、勤奋、好脾气，潜意识就会以更多的自卑、封闭、懒惰、暴脾气来反抗。

意识想改变，但潜意识并不想。从小到大，外界会给我们的意识灌输很多教育理念：什么是好的，什么是坏的；什么是应该的，什么是不该的。我们不断被植入"人应勤奋、阳光、积极、自信"的观念，时间久了，我们自己也会觉得，人的确应该如此，于是也这么要求自己。

可是潜意识不干了：你们觉得什么好，我就该变成什么样子。那我还是我吗？

你可以想象一下，如果你是一个自卑的人，大家都觉得自信是好的，然后你真的改变了，你成了一个自信的人。这时候你开始面带微笑、主动、积极、对他人或生活充满热情，你内心的感觉是什么呢？会不会觉得这样的自己很陌生？反之，在自卑时，你虽然有些痛苦，但同时有没有一些自在、踏实、自由的感觉呢？

"好的"未必是自由的。潜意识之所以拒绝改变，就是要反抗成为"别人眼里的好"。在潜意识看来：做我自己，要比做"别人眼里的好",更重要。

所以,潜意识的反抗是有积极意义的。潜意识的反抗可以让你感受到一种内心的自由,而"好的"则会带给你压抑、禁锢、拘束的感觉。也就是说:你只有在"有问题"的时候,才能感觉到自己是自己。

这时候,你需要欣赏自己的"问题",正是它们的存在,你才成为了你自己。

3. 必须改变的意思就是:我不喜欢我

假如你开始改变,改变到什么程度才会对自己满意呢?你真的觉得,跟现在不一样了你就会对自己满意了吗?到那时,你的时间会用来干什么?

实际上,"我对自己不满意",这是一种惯性。即使你开始改变,也会无意识地为自己设置更高的目标,不让自己体验到满意感。然后你就可以一生都活在"我不够好,我要改"的循环里了。**意识层面上,你觉得改变是为了变得更好,但潜意识层面上,你的改变只是为了体验"我不够好"。**

改变分为两种:

一种是我可以改变。我现在这样很好,我想更精进一些。我现在是 A,我想变成 AA。我对现在的自己是满意的,这时候每做一点努力,你都会感受到自己在变得更好。即使没有更好,也没关系,现在已经很好了。

在这个过程里,你体验到的是成长,而非改变。这是一种"我可以改变"的逻辑，是令人愉悦的。

一种是我必须改变。我不喜欢现在的自己，我想成为另一个自己。我现在是 -A，我想变成 A。当你想改变的时候，你已经在暗示自己：我不喜欢现在的自己。我现在不好，我想成为另外一个好的样子。

在这种改变里，人会体验到"一定要改变"的焦虑，是"只要我改了，我就能对自己满意"的幻想。

所以，当你有"我必须要改变""我一定要改变"的想法时，你已经在讨厌自己了。你的逻辑就是：

我不喜欢现在的自己，所以我要改。

我不喜欢现在的自己，所以我要改。

我不喜欢现在的自己，所以我要改。

当我把这句话重复至少 3 遍的时候，你会有什么感觉？

你会发现，你有多想改变自己，你就有多讨厌自己。这时候，你会心疼总是在强迫自己的这个人吗？你会觉得自己对自己很苛刻吗？你真的这么讨厌现在的自己吗？

停止讨厌自己，其实就是爱自己的开始。

4. 真正的改变，是增加

那就不要改变了吗？

当然也不是。人还是要变好，要变得更优秀、更适应社会、更成功的。知道了自己有很多问题，还是要改的。只不过你需要换一种方式：

增加，而不是改变。

我发展我勤奋的一面，也允许我存在懒惰的一面。我不排斥懒惰，但我同时愿意发展勤奋。当我想勤奋的时候，我就勤奋；当我想懒惰的时候，我就懒惰。不要觉得自己会一直懒惰下去，当你不再强迫自己勤奋的时候，你就不再懒惰了。因为人的本能就是：充满精力的时候就想劳作，累的时候就想休息。你要做的，只是顺应本能和自然规律。

这是一个"有时候 A，有时候 B"的逻辑。我增加另一面，但不排斥自己的这一面。这两面我同时拥有，自由切换。

我想改变，不是因为我觉得自己不好而去改变，而是因为我想拓宽人生的经验。我可以拥有更多的可能，而不是割掉一部分自我，拿另外的东西替换掉它。如此，我就能轻装上阵，可成功，可失败。那么我的人生就是丰富的。

我可以有时候"正能量"，也可以有时候"负能量"。我拥有自信的能力，也拥有自卑的能力。我可以有的时候很上进，也可以有的时候很放松。

健康的人格是灵活的，就是允许自己存在各种可能性。自我接纳，然后自我拓宽，是这个世界上最正能量的事情。

5. 有时候、有时候

当我这么说，有的人容易滑到另外一个极端思维里来反问我：难道人就应该……吗？

这里有个度的问题。健康的人格能通过判断现实情境适度发挥自己的特点，适度用理性控制自己的情绪，而不是不顾情境地无限发泄或纵容自己。比如说，我不建议你在他人奄奄一息的时候愤怒，在别人就要绝望的时候说放弃，在穷困潦倒的人面前炫富，在结婚喜宴上悲伤哭泣。健康的人格，是我能够选择在什么时候呈现我的哪个特点，而不是认为自己的哪个特点是不好的。**情绪就像一个工具箱一样，里面的工具没有好坏之分，只有是否合时宜。你拥有的工具越多，你就越强大。**

我有六字箴言，可以帮你获得健康人格：

有时候、有时候。

有时候 A，有时候 B，有时候 −A。有时候好，有时候不好，有时候不知道好不好。

你**优秀**了，
就会被别人**喜欢**吗？

1. 为了被喜欢而优秀，让人回避社交

很多人都追求优秀，希望自己有所成就。

每个人追求优秀的动机不一样。有的人是单纯追求成就感，这来源于一种自我挑战、自我突破的成就动机，很有意义。有的人则认为"我只有优秀才会被别人喜欢"，为追求被喜欢才想要变优秀，这种动机会让他们非常辛苦。

两者最大的差别是：我可以优秀和我必须优秀。追求自我实现的人，优秀很好，不优秀也没关系。追求被别人喜欢的人，则觉得不优秀是一种噩梦，是非常难以接受的状态。

我可以优秀是一种幸福，我必须优秀则是一种痛苦。这种痛苦包括：

①努力做好事情。当你觉得自己"做事情就要做好，甚至要做到最好"，当你不能接纳自己做得不好的时候，你就会有大量的疲惫、自我勉强、挫败、无助、自我否定，甚至会延伸出孤独、迷茫、愤怒。你受的这些苦，身边的人很难感受到，而你也会因他们的不体谅

和不理解感到不满。

　　②花精力在乎自己的形象。在社交中，他们会特别在意自己的穿着是否得体，言语是否大方等，并因此而产生许多心理活动：我这样对不对、合不合适、恰不恰当、会不会被嫌弃或被嘲笑……结果就是，不洗头可以见的人特别少，洗了头才能见的人却特别多。当一个人太在乎自己在他人眼中的形象是否完美的时候，社交就变成了压力。

　　③看起来很关心别人。我这么说、这么做好不好啊，合不合适啊，会不会给别人添麻烦啊，会不会影响到别人啊，他会怎么看我啊。他们看起来十分在意别人的感受，但其实是更在乎自己是否是个无可挑剔的好人，这种关心其实是沉浸在自己的世界里看不见别人的。这种紧张感，会让自己和他人都感觉这段关系很累。

　　努力变优秀的初衷也许是得到更多人的喜欢，但结果常常是得到更少，而且自己也会回避社交。

2. 优秀了，就会被人喜欢吗？

　　遗憾的是，即使你花了很大的力气让自己变得优秀，也未必被喜欢，甚至会被讨厌。

　　我有时候很难跟格外追求优秀的人建立深入的关系，因为他们眼里只有自己。努力追求优秀的人，他们更在乎的是自己的形象，是自己好不好，自己是不是被对方喜欢。他们的眼里那一刻只有自己，没有对方。

　　我们愿意跟一个人建立关系，愿意喜欢他，基本上有两种情况：

①他很优秀。我想靠近他，因为他的优秀能给我带来直接或者间接的好处。这时候我喜欢他，是因为他拥有的东西对我有好处。我喜欢的，是他能带给我的利益和价值。我不必在乎他是谁，但我在乎他有什么。

当你为了得到别人的喜欢而变得优秀，你工作就就业业，赚很多钱，变得很漂亮，掌握了很多知识——你真的能得到别人想要的喜欢，只不过这种喜欢是别人想从你这里得到点什么的喜欢，对你拥有的东西的喜欢，而非对你这个人的喜欢。

②他让我舒服。跟他在一起的时候，他的某些特质和做法让我感觉到很放松、很满足、很开心、很有价值感。这时候我喜欢的，是他给我带来的美好的感觉。

比如，在多子女家庭中，父母会有偏爱：学习好的孩子因为能带给父母价值感而被偏爱，能干的孩子因为能带给父母轻松感而被偏爱，男孩子因为能带给父母家族荣耀感而被偏爱，身体弱的孩子因为能带给父母亲密感而被偏爱——有的父母看到虚弱的孩子会格外感觉亲近。

优秀的确能带来被喜欢，但你未必会享受这种喜欢。这种喜欢的坏处就是：你很难拥有一段持久的、和谐的亲密关系，无法拥有好兄弟、好闺蜜、无话不谈的人。因为你要时刻在意自己好不好，要把大量的精力用来经营自己，实在没有时间去经营关系。

通过优秀去建立关系，可以建立很多关系，看起来被很多人喜欢。你可以成为公众人物，或者单位的大领导，你的确可以让很多人都愿意靠近你。他们靠近你的时候，你有偶像包袱，不能暴露自己不优秀、脆弱等其他方面，你也就不能建立深入、亲密、高质量的情感关系。当你的优秀淡去，或者不优秀的时候，你通过优秀吸引来的关系也会渐渐散去。

3. 除了优秀，另外一种被喜欢的可能

优秀能建立浅而多的关系，但不能建立久而深的关系。高质量的关系并非取决于你优秀与否，而是取决于跟你在一起，对方是否舒服。

那么你跟我在一起的时候，你做什么我才会舒服呢？不是你多牛，而是你是否愿意看见我。当你跟我在一起的时候，你是否愿意关注我、认可我、接纳我、理解我、看到我。当我否定自己的时候，你是否能支持我？当我感到悲哀的时候，你是否能陪伴我？当我劳累的时候，你是否能帮助我？当我需要你的时候，你是否能出现在我的面前？

曾经，有只小猪掉到坑里，爬不上来。坑的上方，有只小鹿。小鹿望了望小猪说："我美不美？帅不帅？厉害不厉害？优秀不优秀？智商高不高？"小鹿是多么想跟小猪建立关系啊。

那里还有只小兔，它看着小猪说："哎呀，小猪，你掉坑里啦。我怎么样才可以帮你呢？"小猪说："你去找根绳子来。"小兔找来了，小猪说："你把绳子扔下来。"小兔扔了下来，小猪说："你傻啊，你要握住绳子的一头啊。"小兔跳到了坑里握住了绳子的一头，说："现在我握住了，然后呢？"

也许对小猪来说，小鹿和小兔能起到的作用是一样的，没人能帮得了他。但是小猪会喜欢谁，愿意跟谁建立情感上的联结呢？你可能

会嫌小兔笨，但内心还是会喜欢笨小兔超过优秀的小鹿。因为小猪的困难小兔可以看到。

我们愿意喜欢一个人，愿意靠近一个人，跟他建立深入的关系，有很大的动力是来自跟你在一起时我的感觉——你的眼里是否有我，是否懂得我的需要，即使你很挫、很笨。

有的姑娘嫁给了优秀的、开宝马的人，独守空宅。有的姑娘嫁给了会哄她的、摆地摊的人，但生活得其乐融融。当然，我们不需要搞对立，开宝马和会哄姑娘，可以兼得。优秀和看见别人，也可以兼得。我想说的只是：你的目标如果是跟他人建立关系，让身边的人喜欢你、接纳你，那么看见别人是一个很好的方法。而且这样得来的喜欢，要比通过优秀吸引别人来得更深刻。

4. 看见别人，就是优秀的一种

很多优秀的人，都具有一种能力：看见别人。他们不盲目地追求卓越的成就、高大的形象。他们愿意把精力花在关心身边的人身上：

你还好吗？

你怎么了？

你发生了什么？

你什么感觉？

你在想什么？

你想要什么？

你是不是……？

这样一些对身边人简单的关心，会让身边的人感觉到自己被看见，愿意信任你、靠近你，跟你建立关系。这是一种很高级的优秀，在关系里不仅在意自己好不好，也在意对方好不好。不仅在意自己的感受，更在意对方的感受。

持有"优秀才被人喜欢"的观点的人，会把他人理想化，总觉得他人是权威，总想表演给他们看。仿佛他们依然是当年自己的老师、父母，依然在传递"你要优秀啊，你优秀了我才爱你啊"的信号。实际上真实的他人也是充满脆弱和恐惧的，也会害怕不被你喜欢，害怕做错事。他们也需要被我们赦免，需要我们主动，想听我们说"没关系"和"你真棒"。

"得道者多助，失道者寡助。"你自己一个人优秀，却看不见别人，你在孤独的路上努力着，优秀得非常艰难。但反之，当你学会了跟别人建立关系，看到别人的需求，那么你就会拥有许多人的支持，反而更容易变得优秀。

潜意识假装
自己优秀的三个游戏

1. 如何应对自己的不优秀

很多人渴望优秀。因为优秀的好处有很多：优秀可以让人获得关注；可以衣锦还乡，为父母争光；可以报效祖国、家乡，甚至"报效"那可爱的姑娘；优秀可以让自己逃避被淘汰的恐惧——有的人觉得，你只有优秀，才会被爱，才有资格活下去。

优秀固然很好，但人不可能方方面面都优秀，更不可能方方面面比所有人都优秀。因此，人有时候体验到自己不优秀是必然的。那么，这时候一个重要问题就出现了：当你内心体验到自己不优秀的时候，你会怎么对待自己呢？

比是否优秀更重要的，其实是当自己不优秀的一面出现的时候如何应对。

很多人的应对方式之一，是不接纳自己。于是他们一方面耗竭力气强迫自己努力变优秀，一方面在自己不优秀的时候骂自己真的很差劲，用尽全身力气来让自己往优秀的路上靠一靠。但强迫自己必须变优秀的代价太大了，非常累，非常消耗精力，而且也很容易受打击，毕竟努力过后还经常没效果。那怎么办呢？

于是人们的潜意识想出了很多应对打击的方式，比如说，假装优秀。

2. 假装优秀的三个游戏

游戏一：骂自己，是我的某个不好耽误了我。

骂自己和逼自己就是假装优秀的重要方式。骂自己的确有一些督促作用，但更多的是一种自我幻想：真实的我应该是很厉害的，我表现成这个样子实在不应该。那个更厉害的我才是正常的我，现在这个糟糕的我不是正常的我。

都是因为自己做了什么、没来得及做什么，才导致了我不够优秀。因为大学没好好努力，因为早年颓废了，因为结婚太早，嫁错了人，等等。都是因为我笨、我性格不好、能力不行，我才没做成事。这里面的幻想就是"如果我……，我就优秀了"。

因此，骂自己其实是一种幻想：我本天仙下凡，神通广大，奈何被禁锢在这里，伸展不开拳脚。所以人在骂自己的时候，还能保持对现实的抗拒，是一种不认命的抵抗。当你骂自己的时候，潜意识里另外一个声音就是：我还是有机会的。

游戏二：骂别人，是别人或环境耽误了我。

比如责怪父母。当我们把现状不是很好的原因推给父母的时候，那感觉也挺不错。都是因为我爸妈当年对我做了什么、没做什么，都怪他们没有什么钱啊、权啊，都是他们控制了我，给了我压力，才让我现在活得这么差。

有的人会把责任推给他人：都是当年谁对我做了什么。比如都是因为我的英语老师当年对我不好，导致我现在英语不好，没法出国，混得太差；都是我的前任对我造成了不可磨灭的伤害，让我现在没法信任别人。

再比如责怪大环境。当我们把不优秀或无所作为推给环境的时候，那感觉简直棒极了：都是因为现在的互联网环境较为饱和，而我年轻、正当奋进的时候，互联网还没开始崛起，所以我才没有在这个行业里有所建树。都是因为所在的工作环境过于死板、老板过于奇葩、经济形势不好、制度不好等等，所以才导致我没发挥好。如果不是处于这些不好的环境中，我是可以做得很好的。

这里面的幻想就是：如果他们不……，我现在就可以优秀了。

游戏三：禁止被评价。

如果有人指责我、否定我、嫌弃我，我会希望他闭嘴。也就是我不让别人说我的缺点、不足、不好。我在他人说我不好的时候，会感觉没尊严、没面子，很生气。所以就会以吵架、冷战等形式，让他闭嘴。

比如当有人说你"××事你怎么做成这样"或"你看看谁家的谁谁都多么优秀"的时候，你就会觉得自己好像受了奇耻大辱一样，然后开始和对方对骂，或者开始贬低别人，"切，××算什么"。

这个方法里的幻想就是：你只要闭嘴了，我就不用去感受我的不好了，这样我的不好就仿佛不存在了一样。

这个游戏有一个变式就是：逃离环境。

当别人指责我不好的时候，我就离开他，我不跟这样的人相处，这样我就听不到了，就可以继续感觉自己很好了。或者我到一个更差的环境，让自己显得其实没那么差，从而找到一点安慰。比如你在恋爱里不自信时就换个条件差些的对象，对工作没信心时就找个绝对能胜任但待遇一般的工作。

这个游戏里的幻想就是：在听不到负面评价的环境里，我就是好的了。

通过这三个游戏，人们都可以不用付出就实现心理上的"其实我并不差"的感觉。优秀更多时候是一种心理需求，现实中自己到底优不优秀，其实没那么重要。重要的是，把自己欺骗住，相信自己优秀就可以了。在博大精深的中国文化里，有一个成语可以概括这三个游戏：掩耳盗铃。

3. 应对自己不优秀的健康方式

你可以采用未来问句来问自己：

接下来，我可以做什么来让自己更好一些?

如果你不喜欢自己某方面的不优秀，你大可以去改变。你要为自己这方面的不优秀，尽可能找到可控的原因。比如说，你觉得自己不够漂亮，你可以认为是自己的基因不好，这就是不可控因素，你什么都改变不了，就容易感到绝望。但如果你归因为可控因素，认为"是我没有化妆""是我没有保持好心情""是我没有搭配好合适的衣服"，就会感觉到你是可以为这个不够好的现状做很多的。

因此，你可以思考：

有哪些容易改变的原因，导致了现在的我？

在现有环境和条件下，我们可以做哪些事，来让结果更好些？

然后，尽力而为。

对自己不够优秀这一点，健康的应对方式就是：我能做到多少做多少，做不到的部分，就坦然接纳自己的平凡。

没有人是绝对优秀的，你也不必幻想自己比身边每个人身上所有的地方都优秀，更不必幻想所有人都觉得你好。健康的心态是：接纳有些地方不够好、有些人会觉得你不好，然后去做自己真正想做的事。

感觉到"我不够好"的 三个好处

1. 优秀感不同于优秀

有很多人在努力让自己变优秀。然而无论他们怎么努力，取得怎样的成绩，他们的内心都很难改变"我还不够好"的认知。即使已经比过去的自己更优秀了，他们还是会觉得自己不够好。其实这就是潜意识在阻止自己体验优秀。我可以在事实上无比优秀，但我绝不能感觉到我很优秀。

优秀不同于优秀感。优秀是我获得了很多成就，别人都很羡慕我。优秀感则是我体验到了我的优秀，无论别人说什么，我都感觉自己很棒。

一个现状之所以能持续，必然有获益。如果一个人总是体验到不够优秀，是因为感觉到优秀有坏处，而感觉到"我不够好"则有好处。

也就是即使一个人外在优秀了，他的潜意识也总是让他反复感受到自己不够好。

2. 忠诚于被催眠：我的本质是不好的

一个人体验到自己不好，与"我不好"的自我认知相符。而体验到了优秀，潜意识就不认识自己了。于是，人宁愿待在舒适、熟悉的感觉里体验自卑，也不愿意成为一个自信却陌生的自己。宁愿一次次吃苦和骂自己，也不想为自己的成功感到骄傲。

人在出生的时候，对自己是没有认识的。人最初对自己的认识，来自爸妈的评价和反馈。这些反馈一旦形成，人就会默认自己是什么样的人，并且很难改变。除非有对自我意识的觉察能力，有其他人不断给予更强的不同意见的反馈，人才有可能松动对自己的看法。

爸妈经常给孩子的一个反馈就是：你不够好。

当你犯错，爸妈就指责、数落你。他们不会说你哪里做得不好，他们会直接说是你不够好。这时候，你就体验到了自己是个糟糕的人。

即使你没犯错，但每当你达不到父母的优秀标准时，他们就会用"别人家的孩子"之类的话来折磨你，说"怎么回事呀，为什么考不好啊"之类的。这时候，你也被植入了你是个不够好的人的概念。

当你暂时达到了他们的标准，他们就会提高标准让你达不到，从而让你继续感受到自己不够好。或者他们就以"你这算侥幸""回回第一才是本事"来暗示你的本质是不好的。

即使你有时候做到了让他们满意的标准，他们的反馈却是"不批评""不讨论"，让你依然无法确认自己是好的。

在这样的一次次催眠下，你就相信了：我的本质，就是不好的。无论我做了什么，只要有人还没有对我表达满意，我都是不好的。

这时候，你需要知道的是：你以为的自己不好，并不是真的不好，那是曾经有人给你的定义。在小时候，你没办法抗拒，但现在，你可以不再去认同别人了。你可以重新定义你自己，去发现你哪里好，而不是哪里不好。

优秀，不仅是靠努力，更是靠发现。

3. 我不优秀，还值得被接纳吗？

即使一个人内心认定自己就是不够好的，他心底也同时会生出另外一个声音来：这样的我，是值得被爱的吗？

人内心的冲突就是：一方面，觉得糟糕的自己不会被爱，所以要努力变优秀；一方面，又幻想着糟糕的自己要是也被爱了，该有多好。

毕竟，我优秀了才被接纳那不叫真正的接纳，我不优秀的时候还有人接纳我才叫真正的接纳。我还渴望着真实的自己是被爱的，因此，我的潜意识要保持自己的不优秀，来寻找那个真正能接纳我的人。

如果我真的感觉到自己很好了，你们也来爱我了，我敢信吗？我敢要吗？万一哪天我又不优秀了，你们还在我身边吗？只要这种恐惧在，我就不敢接受被爱。我只敢接受那个肯接纳我不好的人的爱。

所以，我保留着糟糕的自己，就是为了能遇到那个人。

这时候你要知道的是：别人是否喜欢你，其实很多时候无关你优秀与否，而是因为跟你相处的时光是愉快的、感动的、轻松的。即使你一直没有优秀的光芒，但对一些人来说，你的存在本身就是有价值的，就是被喜欢的。

如果你不信，尽可以去核实：如果我某某地方不好了，你还会喜欢我吗？尝试去暴露你的自卑、脆弱，验证谁是喜欢的、谁是不喜欢的。你有的不好，的确不被喜欢。但不是所有人都不喜欢。

4. 如果我优秀了，我接下来干什么？

努力变优秀是一种习惯，每天起床、工作、奋斗、学习，很苦，也很充实，因为目标很明确：变优秀。可是如果我哪天真的体验到自己很棒了，我还要继续努力吗？如果不努力了，我接下来干什么呢？娱乐吗？休息吗？那我不就又会体验到自己不够好了吗？如果我没有体验到不够好，那人生接下来要怎么过呢？

如果我们实现了我们梦寐以求的优秀，真的会开心吗？还是会陷入存在的孤独，感觉不到人生的意义？如此，我们就会不愿意实现优秀，以保持并享受奋斗的过程。

有时候，你也能感觉到：奋斗的过程比结果更让人有快感。因为还在意，还有希望，还有意义。

所以我们要追问自己：我在追求优秀的时候，优秀是终点吗？如果真的实现了，我们的生活接下来将会去向何处？只要找不到优秀后的出路，安抚不好那时候的心，你就还没有准备好体验自己的优秀。

我会建议大家追求优秀，这是人的本能。不过是追求自我价值的实现，而不是追求优秀后被人看见。前者没有终点，一生都在享受；后者有终点，得到了就没了。何况，前者比后者更容易让我们优秀。

相信你本来就足够优秀，不需要向别人证明，选择去做让你感觉有意义的事吧。

第二辑

看见你心底那个

受伤的小孩

总有一些时候，
感觉自己一无所有

1. 抑郁状态

不是非要经历了什么挫折、打击才会感受到绝望。人经常会无端地冒出来一种绝望感。无论外在拥有了多少令人羡慕和称赞的东西，你都会在某些时刻感觉到，人生的灰暗、空虚和恐慌就像蚂蚁一样，侵蚀你全身的骨头。你会感觉到自己拥有的一切都没什么用，自己无论怎么努力，都一无所有、一无是处。

你会感觉幸福都是别人家的，自己仿佛是全世界最不幸的人，是这个世界上最孤独、最失败、最无助、最自卑的人。你会觉得自己不仅拥有得少，而且希望渺茫。你会盯着一些不可逆转、不可改变的因素不放；甚至恐慌时间飞逝，自己渐渐老去，人生仿佛已经所剩无几。

你会对所拥有的财富、外貌、能力、健康、关系等都视而不见，能看到的只有自己没有或不够的东西，认为自己所拥有的毫无价值。即使理性知道自己拥有很多，但是感性依然在说：那都不算啥。仿佛人生就此完蛋了，不值得活着，不配活着。

如果你细细品味自己那时候的绝望，你会感受到心底有股细流一样的声音：如果此刻这么躺下再也不起来，该有多好啊。如果就这样自暴自弃不努力了，该有多好啊。

这种心境被称为抑郁状态，浓度大的时候就会引发心理上的病变，会被诊断为抑郁症。我们这里不聊抑郁症，只聊聊这种一无所有的空虚、绝望和恐慌感。

2. 抑郁是一种自我保护

人陷入抑郁状态，是潜意识的一种自我保护机制。人抑郁的时候，兴趣淡漠，想做的事减少。这种感觉虽然难受，但其实是一种低消耗的身体运行状态，避免你做更多的事把自己榨干。同时，人还会在抑郁的时候回收注意力，较少地关注外在，开始关心自身的感受。通过抑郁，你看到了一直被忽视的自己。

这就是抑郁的意义，通过生理反应来让你关注自己，避免精力耗竭。人之所以会抑郁，是因为：我们嫌弃自己。

我们惯常会过高地评估自己的能力，总觉得自己能做的还有很多，做不到就怪自己。抑郁是因为我们对自己的要求实在太多了，一旦实现不了这些要求就会嫌弃自己。嫌弃自己还不够好，拥有的还不够多。我们看不到人生其实还有很多的时间，却总是觉得自己年纪大了、来不及了；看不到自己已经超越了周围很多人，只会在看到比自己牛的人时觉得自己笨；看不到自己步入了衣食无忧的生活，却总是跟身边更优秀的人比较，觉得自己好像真的还在为生存恐慌；看不到自己拥有的能力、责任、财富，总觉得不够、不够、还不够，继而绝望。

世界上对自己最不好的人，恐怕就是自己了。你嫌弃最多的人，恐怕也是你自己。因此，每当你感觉自己一无是处的时候，你都应该听听内心那个骂自己的声音。然后自问：你是不是对自己要求太高了？你是不是又开始不喜欢自己了？

当你在疯狂燃烧自己、折磨自己的时候，抑郁就出来提醒你，你对自己的要求实在是太高了。即使这些要求看起来很正常、不过分，但只要达到了你能力的80%，就已经是红线了。而且这些要求，未必都是你喜欢的。抑郁也是因为你做了太多自己不喜欢的事。

我们也会惯性地认同外界从小到大给我们灌输的标准，认为人就应该努力、上进、负责任……这些事很对、很好，但并不让人内心愉悦。为了获得社会认同感，为了内心的归属感，甚至为了自己爱的人，我们就会不断地强迫自己做这些正确但不喜欢的事。

在我们的成长课里，有个同学就谈到了他每天工作完回到家就会心情很沮丧，家人都在，但还是感觉空虚、抑郁。访谈结束后我发现，他是个不会磨洋工，特别负责任的人。负责任本身是件好事，但是对别人负责任超过了对自我的关爱，超出了自己的能力，责任大于自己的感受，就会自我透支，身体会自动进入淡漠的自我保护状态。这时，人的体验就是抑郁。

如果我们做了太多自己不喜欢的事，做了太多以生存、责任、正确、"大家都做"等为名而做的事，那么我们离自己的心就会越来越远，无法做自己，无法活出真我了。这时候，潜意识会感觉不到自己活着，会觉得自己更像是社会标准下的傀儡和机器。这时候，我们就需要进入抑郁、淡漠状态来提醒自己：除了赚钱和责任，你该关注一下自己内心真正的需要和感受了。抑郁会强迫你漠视外在那些你不喜欢的事，转而关注自己内心。

3. 抑郁是对平凡的排斥

人之所以对自己要求很高、嫌弃自己、强迫自己，是因为我们挣扎着想变好。我们每个人内心深处都有着一个疑问：我是好的吗？如果我不好了，还会有人爱我吗？

你也无意识地试探身边人对你的态度，尝试告诉他们你的糟糕。但当你对他们说，你感觉自己很差劲的时候，那些所谓爱你的人就会来安慰你："没有啊，其实你很好啊，你怎么会这么想呢？"他们觉得自己在安慰你，但其实却在无意间向你传达了这样的态度，"你必须坚强，你不能脆弱""你不能倒下，你必须站起来奋斗""没人会永远保护你、安慰你、照顾你、养你，你必须一直战斗下去"……

真正的安慰则是：其实你很好，但即使你不好也没关系。对一个人最深沉的爱，不是鼓励他、安慰他说：你很好、你很棒；而是告诉他：你这样很好，你不好也没关系。你失业了没有关系，你一无所有了也没有关系，你还有我，我会一直在你身边，陪着你、护着你。

这就是无条件地接纳一个人：我接纳这个优秀的你，更接纳这个无能的你。我喜欢做对的事的你，也喜欢什么都不做或者做错的你。在这种接纳里，人会彻底成为自己，感受到内心深处涌出的温暖，仿佛回到了母亲的子宫里一样，体验到了全然的接纳、融和，然后自由地绽放。

这时候，人才能得到滋养，才能真正变好。

只是你从来没有得到过"没关系，你可以平凡、无能"的答案，你很相信那个平凡的、无能的、差劲的自己是不被爱的。所以，你不允许自己现在不够好，会在意识里拼命地排斥那样的自己。可那又是你真实的一部分，你越是排斥，它就越会在你没有防备的时候以抑郁和绝望的形式溜出来。

4. 接纳自己的平凡

每个人都有脆弱、无能、恐惧、自卑、放纵、堕落的一面，你可以允许自己这些方面的存在，不必去改变，也不要担心人会沉沦。**人在安全的状态下，本能就是活出自己，就是上进，而不是无休止地退化。人之所以想着自己一旦懒下来就会无休止地懒下去，是因为他从来没有真正享受过懒惰。**

在我的访谈中，有许多家庭成员不愿意看到伴侣、孩子、父母脆弱的一面，好像家人不应该、也不会有烦恼一样，仿佛他们都很强大，都有很多"应该……"，当家人脆弱时，他们会愤怒地发出指责："他为什么做不到……"

长时间身处这样的环境中，人的脆弱、自卑、无助就一直不会被看到，甚至连自己都不愿意看见了。只有在抑郁的时候，人才会偷偷舔舐自己的这部分。**而我们不愿意看到别人的脆弱，是因为我们自己也不愿意正视自己的脆弱。**我们内心有着这样的核心信念：脆弱是不对的，无助是不被允许的。

很多人对于两性关系里的抑郁感受也会避而不谈。就像两个人从来不说"我爱你"一样，他们谈论无助和脆弱时也会有羞耻感。

抑郁如果能被分享，就会溜走。

因此，你需要看到另外一个人——他会抑郁、会脆弱、会无助——而不是假装视而不见，对他继续提要求。

　　每个人内心深处，都有着属于自己的脆弱、无助和自卑。无论男女，没有谁能每时每刻都积极、坚强。然而，我们多数人都不愿意接纳自己的这一面，当发现自己不够好的时候，就自责、焦虑，想变得更好，想要扼杀掉这个糟糕的自己。可多数人从来没有停下来看自己一眼，跟自己说一声："亲爱的，你还好吗？我看见了，你此刻很脆弱、很无助。"然后跟自己的这种无助待一会儿。

　　当你绝望时，你可以接纳自己的绝望。每个人都会有感觉到自己一无所有的时候，绝望是人类正常的情感，并且是美丽的情感。

　　去听听你的绝望在说什么，你可以为它做些什么。

　　同时，去欣赏它。因为**人最脆弱无助的时候，实际上是最深刻的时候，是离自己最近的时候，也是最容易建立情感连接的时候。**

1. 焦虑：一点偏差，严重后果

一个妈妈来咨询的时候非常愤怒地说到儿子的问题：学习不够认真，贪玩，上课不能集中注意力，有门功课不及格……她说起来的时候很生气，但生气背后其实是她的焦虑和担忧。

我会问她："那又怎么样呢？你在担心什么？"她说："那就会考不上大学啊！"她给我讲了差不多我们每个人都听过100遍以上的故事：现在不认真学习，就会考不上好大学，就会找不到好工作，就会过得很苦，就会……

显然这个逻辑里有很多问题：我们假设，因不认真学习而考不上好大学的概率大概是70%，上了大学不能找到好工作的概率也是70%左右，找到工作但过得苦的概率也是70%左右……这么看起来，不认真学习导致过得很苦的概率是34%左右，但是这个妈妈却把它想成100%。

听起来怕怕的。有一点偏差，一件事没做好，好像会终生遭受毁灭性打击一样。

每一种焦虑背后，都隐藏着一个不可承受的想象后果。

如果你看到一个人对某事感到担忧和焦虑，你就不断去问他："如果坏结果真的出现了，会怎么样？"持续瞪大你好奇的双眼作十分想了解他的样子继续问他："那又会怎么样呢？"你会发现，他能从当前焦虑的事件中推导出一个十分糟糕的结果，好像如果当下这个事他做不好或做错了的话，就会活不下去了一样。这个逻辑就是：

A 做不好会 B，B 了会 C，C 了会 D，D 了会死。

他在潜意识里把这些问题当成 100% 有关联：A=B=C=D= 死。可是现实却是，A 很可能导致 B，而不是一定。几轮下来，A 导致 D 的概率小之又小。

对孩子来说，学习不好，写作业不认真，对未来的影响其实非常弱。随着他的成长，他的人生还会有很多变数。比如说，他在某天领悟到人生的意义，遇到了某个能启发自己的人，找到了自己喜欢的事，也可以有所成就。事实上，我也做错过很多事，上学期间就迷恋网游，逃学，作业靠抄，考试倒数，然后上了一个非常普通的大学，毕业后领着 3000 块的月薪好多年。但是随着时间的延长，我只做对了一件事，就抵消了所有过去的不够好，那就是在大家都觉得心理学太冷门的时候，我就沉迷其中，一直到现在。直到实现了财富自由、时间自由、兴趣自由的生活。

反之，我也认识很多一开始做得很好的人，他们在学校年年考第一，上了名牌大学，但人才济济的大学和毕业后不再看成绩的社会让他们的竞争力不再占优，小时候的优越感、中心感与后来的平庸感形成了剧烈反差，最终导致了他们的自暴自弃。

退一步讲，即使孩子和自己的人生都是平凡的，可是平凡的一生又有什么关系呢？平凡就不配幸福了吗？

有些小偏差，会被感知成大偏差，导致人很焦虑，觉得当下这个事非常非常重要。但其实，A 和 D 之间并非决定关系。我们习惯了夸大某个单一事件对人生整体的影响，甚至到了认为是因果关系的程度。好像一旦做不好 A，整个人生就毁了一样。实际上，A 事件对我们的人生有那么大的影响吗？没做好或做好了哪件事都不太会影响你的幸福和成功。

2. 纠结的本质，就是焦虑

一些临近毕业的大学生，经常会来问我这样的问题："考研还是工作？"他们纠结得不行。纠结的本质，其实就是焦虑。在纠结者的想象里："如果我选错了，没选到最好的，就会有很严重的后果。如果我考研，却没考上，我就浪费了时间，就耽误了找工作的黄金时间，就……"最后，他和上面那位妈妈的结论差不多："这辈子就完了。"

关于要不要辞职也有人纠结。一些朋友和我说受够了小城市的安逸，想去大城市发展却又不敢。怕什么压力大啊、受不了啊……我又问了他们很多次："那又怎样？"结果收到的都是同样的回复：担心活不下去啊。活不下去可以回老家从头再来呀，那又怎样？他们说：那就会被嘲笑啊、浪费了几年时间啊、年纪大了啊、原来的工作找不回来了啊……啊啊啊啊啊。总之，后果很严重。

我继续观察这些朋友。有的人会决定放手一搏，辞职到大城市去打拼。他们的结果也有两种：有的人留下来了，找到了自己的路；有的人则觉得在大城市求生存真的很难，于是回去重操旧业，再也不抱怨原来的安逸生活。他们原本所害怕和担心的事情，并没有发生。而在犹豫中不敢出去的人，则依旧不喜欢当下的生活，然后又无可奈何，内心十分纠结。

可是为什么他们当时会怕成那样呢？因为他们夸大了"到大城市发展"这件事对人生长河的影响，仿佛踏错了这一步，就再也没有挽回的余地，好像他们就要因此承受不可磨灭的伤害一样。职业选择，看起来是个很大的事情，但其实我们即使换了 100 种职业也无须焦虑，因为这对此后的人生来说，没有办法判断影响是好是坏。

有的人会为了要不要结婚、要不要和某人结婚而纠结。**其实当结婚被认为是一件小事的时候，你就可以结婚了**。当你把结婚看得重要到会决定一生幸福与否的时候，你怎么选择都是恐婚的、不满意的。因为你选择的不是婚姻，而是人生。选择人生的话就太严重了。而如果你只把婚姻设想成选择一个人陪你一起生活一段时间，看起来就容易多了。

3. 人生处处皆小事

人生并没有什么不可承受的代价。只是在当时看来，某些代价好像无法承受。但对于漫漫人生来说，那就不叫个事了，那只是人生中的一笔点缀。人生那么长，怎么会因为你走错了一小步，就好不起来了呢？

这就像是：如何快乐地走过一座独木桥？桥下有 1 米的浅渊还是有 10000 米的深渊，感觉是完全不一样的。当你知道失败了可以重来的时候，你不会有太多焦虑。

人生所有的故事都可以重来。事件本身不会重来，但是必然会以另外一种方式重新展开。

我们会对做出选择或做事感到如此纠结和焦虑，会把它们放大到能影响一生的地步，却为何不肯用一生的长度来看待这些小事？

在焦虑和纠结的背后，是一些固执的观念在作祟：

人生的选择是一次性的，只能选对不能错，选错一次一生就玩完了；做一件事，必须做对、做好，否则会对人生有着不可磨灭、不可修复的、致命的打击和影响；做了一次选择，就不能修改，不能挽回，即使能修改，其代价也不可承受。

这是一种糟糕至极的思维模式：把事情可能的后果以想象的方式推论到非常可怕、非常糟糕，甚至是灾难性的境地。这是一种非理性信念。

有的事件的确对人生长河的影响很大。但是这一次两次的巅峰错误，放到人生长河中时，不见得就不可收拾，以致让整个人生都毁掉，也许反而成了点缀，成了人生精彩转折的契机。

但并不是每个人遭遇坎坷的时候，都能过得去，有的就会选择以结束生命的方式逃避困难。比如某年股市大跌的时候，很多人分分钟没了几十年的积蓄，要不是跳楼都排不上位置，估计也很难活到现在。那时候的他们，就是把当下的单个事件对人生的影响，进行了夸张和放大。单次失误，就好像会终生完蛋一样。但是，却也有很多人可以东山再起。

毛主席曾说："当年鏖战急，弹洞前村壁。装点此关山，今朝更好看。"以前鏖战艰苦，子弹乱飞，打穿了墙壁，今天看起来却是一道风景。你所遭遇的困难，都是为了未来成为更好的自己做的准备，这些经历都会转化成某种经验装点你的人生。

那么，当下这个事件对你的人生影响会有多大呢？

影响的可能只有时间。我们害怕失去的是时间，发现白走了这么久，发现做错了要花更多的时间来弥补。可是如果我们不去选择，只会失去更多的时间。唯一的区别是：我们可以假装通过不去选择来逃避选择的责任。

但其实，**我们不仅要为自己的所作所为负责，也要为自己的不作为、不选择负责**。也就是你去冒险也好、安逸地待着也罢，你都要为自己的做与没做负责任。对于责任，我们真是无处可逃。

成年人的世界，只有选择和责任，没有对错。

如果你为某事感到焦虑、担心、害怕或者纠结，你可以——

首先，欣赏自己：你想让自己事事选对，事事做到最好，这个动机还是很值得欣赏的。

其次，告诉自己：追求更好是好事，追求事事完美就不太好了。人生正是因为有一些不完美，才会激励我们去思考如何在将来更好。

第三，问问自己：这个事做了会怎样，对你的人生，对你接下来的 10 年、20 年、30 年的影响是什么。注意要客观，不要恶意夸大后果来吓唬自己。

然后允许自己犯错，允许自己失败，允许自己做不好，大不了从头再来。

适度的焦虑与纠结是很好的，可以让你保持谨慎、少走弯路。但不要幻想着从来不走弯路，允许自己走点弯路的人生才是正常的人生。

小焦怡情，大焦伤身。你要相信：**人生处处皆小事。**

你自尊心这么强，
一定没被好好宠过吧

1. 通过评判和控制别人获取优越感

当遇到跟自己价值观不一致的人时，有的人会不自觉地认为对方差，并想去改变并控制对方。在我们的课程里，同学 A 说到她就是不愿意、也不想付出，只想索取。然后跟她搭伙的同学 B 就会表现出不屑，特别想让她明白：人就应该学会付出，懂得感恩。

在同学 B 的世界里，那一刻，她很想操控同学 A，这就是控制欲；那一刻，她认为自己比对方更高级，这就是评判。

的确，也许同学 B 是对的，如果人懂得感恩可能会让自己的生活更好。想给对方一些建议，希望别人更好，这本身是充满爱的表现。但如果把自己放到"我比你高级"的位置上，则是一种优越感了，这时候姿态中传递出的敌意会抵消掉语言内容里的善意。

在伴侣关系中，控制欲强和爱评判的人在伴侣跟自己不一样的时候，第一反应不是带着尊重去理解对方为什么如此，而是要急着纠正他。我们课里有个同学，她老公爱拖拉，不守时。每每如此，她就大吵特吵。她坚持信奉"人就是应该守时""人就是应该为工作负责"，她觉得这就是对的、好的，然后想把老公也掰成这样。虽然她每次都失败，但屡败屡战，乐此不疲。

有时候，我们会以"我这是为你好"的名义矫正对方，比如说妈妈对孩子的磨叽感到愤怒时就会这么做。但实际上，这种矫正暗含的逻辑还是"我比你高级"。

对方不被自己控制，不认同自己的评判，人就会愤怒。愤怒固然痛苦，但每次愤怒时人都在体验"我比你高级"。所以人们有时候宁愿控制失败，也要保持愤怒。

2. 优越是因为低自尊

控制欲强的人在说：你应该听我的话，按我说的去做。对于这样的人，通常我有一个很好的方法来帮助他们快速修通自己：

承认对方也是对的。

注意我用的词是"也"，就是你是对的，但你也要承认他是对的。这个方法遭到很多人的抗议，他们觉得特别接受不了：我就是认为对方不对啊，为何要口是心非。其实平静下来想想，人家是有对的理由的。这个问题也不是对错的问题，而是自尊心的问题。不愿意承认他人同样正确的人会认为：如果我觉得对方是对的，如果我要顺从他，我会觉得自己特别没有自尊，觉得自己跟对方不平等，觉得凭什么。

认同对方，会让他们有低头感。

感情或工作关系中的矛盾，有时候解决起来很容易，只需要一个低头的动作就可以了。低头很简单，无非把自己的姿态放低一点，说些"你是对的""对不起""您先请""您看我这样可以吗？"撒个娇，卖个惨，求个饶，哄哄对方，做个"听话的人"。

然而就是这些简单的动作，很多人做不出来。尤其是在感情关系中特别难，他们会觉得"谁主动谁就输了"，觉得低头特别有失自尊。他们对主动有"主动羞耻感"，所以宁愿在假装无所谓中失去关系，也绝不低头表达一下在乎。

这其实是自尊心强的表现。每当他们想到自己要低头了，低自尊马上就会被激活，所以他们必须要跳起来站到更高的位置，保持控制和评判，来维系自己的自尊心。

自尊心强不代表高自尊，自尊心强恰好是低自尊的表现。一个高自尊的人不会把低头和低自尊关联起来，高自尊的人愿意通过低头给别人自尊，同时不觉得自己就没自尊了。而低自尊的人则在很多场景把低头跟没自尊做关联，一想到要发生"主动""道歉"和"哄对方"这三件事，自尊马上就没了。高自尊的人想要的时候会诚实地说"我在乎你，我需要你"，低自尊的人想要的时候则会假装无所谓。

其实，低头是一种情商。**一直低头是一种懦弱，懂得低头则是一种智慧。**合时宜的低头，有时候可以让矛盾迅速结束、感情迅速升温、目的迅速达到，节约时间与精力。实在是一种成熟的表现。

3. 自尊心强是对曾经没自尊的补偿

一个人为什么会这么容易感觉到没自尊呢？

因为从小到大，他就没有体验过什么叫"被尊重"。小孩子的意见、想法、需要、愿望，常常都被认为是不重要的。父母看起来很在乎孩子，给孩子吃的、喝的，为孩子做很多事，但却很少问孩子"你怎么了""你想要什么"，不会在尊重的前提下去爱孩子。

　　如果一个人成长的环境中，他的意见多数时候是无效的，甚至是不被允许的，如果他很多时候都是在被控制、被要求执行命令，如果他经常被父母指责，所有事情都被认为是自己的错，那么他在心理上就没有获得过足够的尊重。这时候，他就必须要一直低头向更强的父母妥协，因为作为孩子，他还需要依赖父母活下去。

　　有的父母并不控制孩子，他们只是忽视孩子的需求。当孩子向父母表达需求的时候，父母多数时候是忽视、拒绝、嫌弃、指责的。我有一个来访者，他回忆起和父亲的关系时说，父亲曾答应他周末陪他去动物园，但父亲爽约了。当他表达希望父亲带自己去的意愿时，父亲竟然指责他不懂事。对这个同学来说，他体验到的就是：自己主动向父亲表达需要是低头，低头是羞耻的。

　　在这样的环境下，孩子会觉得自己的意见、想法、需求和自我都不重要，不配被满足和照顾。没有人对他低过头，没有人说过他很重要，没有人对他道歉过，他一直是匮乏的，他真实的自我是不被允许存在的。

　　虽然他在物质上以及外在的生活条件上可能是被宠爱和满足的，表面上看起来，大人对他也很好，但同时，他们却在心理、精神层面上剥夺了他的自我。等这个人长大后，他虽然物质上不需要依赖他人，心理上却要以畸形的方式依赖他人。

　　在电视剧《欢乐颂》中，被宠爱着长大的邱莹莹和曲筱绡，就是能屈能伸、能高能低的，因为她们的自我一直都是被看到的。故事开场时，曲筱绡想买房，父亲虽然不愿意，但是会向她低头妥协，曲筱绡是胜利者。而没有被宠过的樊胜美却身处另外一端，她在和父母的关系中永远是低头的那个。当樊胜美长大后，在爱情、友情等关系里都要与人一较高下，绝不低头。

一个人自尊心有多强，你就知道他曾经活得多没自尊。而活得没自尊，就是因为没人宠啊。

4. 报复性高自尊：我要剥夺你的自尊

如果一个人总是在经历没自尊、被迫低头的事情，他一旦有机会就要一直抬着头做补偿。因为低头的经验太痛苦了，不能再次体验。就像是高考前你忍了又忍，但是之后你很难接受再一次把自己摁在教室里备考。高考完毕你甚至不愿意再学习、看书，你用厌恶学习的态度来抵消那时候的痛苦。

这种感觉就是：我以前低姿态的时候把痛苦压抑了下去，现在如果再低头就会唤起那时候压抑的痛苦，所以我必须通过不低头，来回避压抑的痛苦。

因此我要翻身。我要抓住一切可能，表现我的自我，表现我的高姿态，绝不再呈现低姿态。于是自尊心强的人就有了这些有趣的表现：不拒绝即主动，不生气即道歉，不大声说话即妥协，不指责即讨好，不冷漠即示好……主动做出不那么过分的动作，已经让他们感觉到低自尊了。

自尊心强之所以伤害人，是因为自尊心强的人会剥夺掉别人的自尊。两个一直都昂着高贵头颅的人是不可能在一起生活的。一旦吵架，谁也不低头；一旦冷战，谁也不主动。关系只能断裂。**健康的关系其实就是互相低头，有时候是你，有时候是我，有的事是我，有的事是你。**

自尊心强的人不接受有时候，只能接受一直是你低头。也许一开始对方低头时觉得没什么，哄哄你就过去了。但你让对方一直低头，对方就开始觉得有什么了。这时候对方的自尊就被剥夺掉了。

有的人解决问题的方式非常简单粗暴。就要一直抬着高贵的头颅，通过指责、控制、数落、冷战等方式来解决问题，而这些方式最大的特点就是让别人没自尊。所以，自尊心强的人其实是要通过剥脱别人自尊的方式来获得自尊。

你是获得自尊了，代价就是剥夺了别人的自尊。

5. 放下自尊心，就是成熟的开始

人的出发点往往并不是坏的。剥夺别人的自尊，并不是自尊心强的人的目的。他们的目的是渴望，他们总觉得：如果我剥夺了你的自尊，你就会关注我、宠爱我、尊重我、在乎我、重视我。因为，小时候父母这么剥夺我的自尊的时候，我就去满足他们的心理需求，照顾他们的情绪感受，向他们妥协。我以为，我用这种方式对你，你也会像当年的我一样，做出妥协。

因此，自尊心强的核心需求其实是：需要被宠爱。

只是你表现出来的，就和当年控制你的父母一模一样。所以说，我们长大后，终究会再次成为我们当年的父母。

遗憾的是，那些没学过心理学的人很难透过你的傲娇、强势、控制等，看到你背后脆弱的自尊和被爱的需要。他们只能被你吓着或被你激怒，想躲起来、离开你，或者反抗你。然后你再一次体验到被忽视、被拒绝、被控制，你内在的屈辱、羞耻，被撕开的感觉，会再一次重现。

如果你想改变自己，就必须要跳出这个循环。你要问自己：在关系里，我想要什么？

是更想要被爱，还是更想要自尊？

是更想要关系，还是更想要自尊？

这两者有时候不可兼得。有时候你放下对自尊的执着，才能真正看见别人，才能让别人感觉到自尊，愿意跟你保持关系。你也不一定非要选关系，但你可以有放下的能力。**有放下自尊心的能力，就是一个人成熟的开始。**

6. 什么是健康的自尊

有的人觉得放下自尊心、低头，自己就比对方低了，不平等了。

什么是关系里的平等呢？健康的人格，应该能屈能伸，能高能低。这才能保障和他人的平等。健康的平等就是：有时候我比你高，有时候你比我高。可很多自尊心强的人却将平等变成了：有时候我们一样高，有时候我比你高，但决不允许我比你低。只能我想改变你，证明我比你厉害。你不能有任何想改变我的想法，这会让我感觉很受打击。

我有时候比你低，不代表我没自尊。这恰好是我强大的表现：我愿意有时候顺从你，让你开心。我愿意有时候认同你，让你觉得自己很棒。我愿意有时候低头哄你，让你得意。因为我有时候爱你，有时候想靠近你，有时候想利用你，所以我有时候可以让你有强烈的满足感。

　　真正的自尊，其实是自己给的。我确定我是好的，我的本质不因我所处的环境而改变。即使我处于被侮辱、打压、控制的环境里，我也是好的。我不会因为你怎么对我，而变好或变坏。因此，你对我的蔑视和否定是你的事情，我并不需要你的认同。只要我心里没有"我不好"的概念，就不会被击中。我上得了巅峰，也下得了谷底，始终不卑不亢。你会发现真正的贵族就是这样，他即使沦落街头、衣衫褴褛，也和其他乞丐不一样，他会被人尊重，因为他尊重自己，相信自己是好的。所以他能东山再起，而其他乞丐就很难翻身。

　　能够尊重别人的人，首先能够尊重自己。因为我从来都不曾觉得自己低，我才敢把自己放低。

情绪化是
一种什么化

1. 情绪化

情绪化，就是不能用理性克制自己的情绪冲动，在感情强烈、冲动的情况下，做出不够理智的行为。

我们在面对万千世界的时候就是会有丰富多变的情绪，这只是面对世界时的自然反应，有没有情绪产生也不是自己说了算的，它会自动发生。因此，我们可以接纳并允许一个人有情绪。拥有丰富的情绪不是一件坏事、错事，反而说明这个人很有趣，他活得很真实，他能够对情境做出相应的反应。没有情绪反应能力的人，比有情绪反应能力的人可怕得多。

情绪化之所以具有破坏力，不是因为情绪变化多而快，而是因其缺乏理性支配。换句话说，对人造成伤害的不是情绪，而是情绪下的行为。我们每个人都会产生很多情绪，有没有情绪并不是问题，能不能用理性支配情绪下的行为才是问题。

我们需要讨论的，不是有没有情绪，而是如何避免把情绪过多地付诸行动。有没有情绪自己说了不算，但是否展开相应的行动，就是由理性控制的了。比如说，你可以愤怒，愤怒是被允许的，但是你不要激情杀人，杀人是不被允许的。

理性对情绪下行为的支配程度，显示出一个人的成熟程度。

2. 情绪大小便

我们常常把情绪称为心理上的大小便。随时产生大小便，是一个人身体自动运作的结果，这个没有好坏，也基本不受你的意识支配。对于一个身体功能没有发育完全或者身体功能受损的人，他的大小便就可能失禁，比如婴儿和相关成人患者。一个健康成熟的人，他可以随时随地产生大小便，但是他不会随时随地排泄，他只会在合适的时间、合适的情境大小便。因为他会用自己的理性和意志力支配行为，不让它即刻付诸行动。即使有时候因为大量饮水或腹泻，难以忍受，非常想排泄，他也会迅速找到一个合适的环境方便，而不会就地解决。

你是一个成年人，其实你是有随地大小便的自由的，当然法律和道德可能会因为你妨害了公共卫生而惩罚你，但你依然有选择那么做的自由。而你不随地大小便的原因很简单：

委屈一下自己，不想影响别人。不然自己会有羞耻感。

人的情绪也是如此。情绪随时都在产生，出于成年人心态，你基本上不想因为自己的情绪影响别人，你会因随地发泄而感到羞耻。即使在家里，面对家人，你也不会随地大小便。同样地，我们也不能随时对家人发泄自己的情绪——心理上的大小便。情绪化，实际上就是心理上的随意大小便。成熟与否，就是你舍不舍得为了别人委屈一下自己。

3. 情绪的延迟满足能力

发泄情绪是件很有快感的事，正如你有了尿意可以立即排泄时很有快感一样。那些无法憋住自己情绪的行为其实是缺乏延迟满足能力，他们追求的是即刻满足。如果你见到一个人情绪化，无法憋住情绪，无法选择在适当情境下发泄情绪，那么你就会知道，他缺乏延迟满足能力。

延迟满足能力是一个人人格健康的指标。延迟满足的意思是，为了追求更大的目标，获得更大的享受，或者为减少损失，我们可以放弃眼前的诱惑，克制自己的欲望。在情绪问题上的体现就是，克制自己发泄情绪的欲望。

一个成功者，他首先要具备的就是延迟满足能力。也就是耐得住寂寞、经得住挫折、受得住成功，能够居安思危、放弃诱惑、坚定不移地朝着自己的目标努力。当孤单无助来临的时候，他能够忍住，做自己该做的事情，而不是去借酒消愁放纵；当挫折到来的时候，他能忍得住伤痛和绝望，做自己该做的事情，而不是放弃；当他成功的时候，能忍得住喜悦，而不会欣喜若狂，得意忘形。

也许你会说，这样活着多压抑，难道不累吗？

人如果像婴儿或猪一样活着，由着自己的情绪走，是很轻松；由着自己生殖器的冲动而随地解决大小便，是很欢乐。可是你要知道，在一个生态系统里，这样做终究是一件对自己非常不利的事。而且人之所以为人，除了享受发泄的快感外，还会享受到一种通过忍耐而得来的更加深邃的快乐。那是一种更高级的追求。

一直忍当然很累。如果你的膀胱提醒你想上厕所了，你还一直忍，你的身体也会出问题。当情绪来临时，你要做的，是尽快用合适的途径和方法去处理自己的情绪，而非不理性地宣泄情绪。

4. 情绪容器

我们每个人的身体里都有一个膀胱，膀胱的作用就是容纳尿。一个健康的膀胱，具有良好的容尿能力，膀胱的功能实现了人对于排尿的延迟满足，可以让人在合适的情境里小便。如果膀胱出问题了，就容易导致尿失禁。

人在心理上也有这样一个"膀胱"，我们称它为情绪容器。也就是说，一个人的身体里本来就有很多情绪，它被情绪容器收纳着。情绪容器对情绪的储存能力，叫作情绪容纳力。

情绪容纳力强的人，对情绪的克制能力就强。克制的意思就是，我能憋住我的情绪不让它随时发泄出来，我可以容纳一会儿，等到合适的时间用合适的方式过滤掉。情绪化的人，就是情绪容纳力比较弱的人，无法控制自己情绪冲击下的行为。

情绪容纳力强的人，对别人的情绪也能容纳。他能接住别人的情绪，暂时储存在自己这里，然后自行处理，而不会把自己的情绪倒给对方。

实际上，随着人的自然成长，我们的情绪容纳力是在增强的，越长大越知道如何克制自己的情绪。有的人没有这样的发展，是因为他的情绪容器在自然状态下本身就已经很满了，别人再给他一点，他就要急着推开。

当有异物在膀胱中占用了空间时，人对尿的容纳力就会降低，还会出现尿频、尿急、尿不尽等现象。同样，人的情绪容器如果自身已经装了很多固有情绪，就很难容纳现在发生的情绪，然后出现发泄时间长、发泄频繁等现象。

这些固有情绪可能来自两个方面：

①平时有情绪不注意处理，总是不敢发泄或不去发泄，不去寻找合适的情境发泄。这就像是一个人憋尿憋久了他也会没了尿意，但是却很伤害膀胱。

②一个人如果小时候的某种情绪不被识别、不被允许，他的这种情绪就会在潜意识里储存。比如害怕的时候，如果妈妈不让你哭，你就压抑了害怕的情绪并把它储存了起来。如果你因生气而发火，妈妈会告诉你"不许生气""不许发火"，然后你就学乖了，学会了"发脾气是不对的"，也将愤怒压抑了起来。

5. 增加情绪容器的空间

这么说不意味着人要无限制忍耐情绪，这样会憋坏的。你需要做的是：及时表达自己。分为两个部分：

①平时感觉到不舒服的时候，及时表达。这样在真正需要控制情绪的时候，你才有空间。很多人之所以难以忍耐自己的情绪，其实是因为平时忍耐太多，装满了自己的容器，以至于关键时刻再也装不进去了。

②把情绪语言化。小时候没有人教你如何用语言表达情绪，长大了你要重新学习把情绪语言化。把情绪语言化的意思就是：你要学习

识别并表达自己的情绪——用描述情绪而非发泄的方式。比如说"你怎么可以这样！"这是行动化，虽然这是一句话，但没有表达情绪。而"我现在觉得很生气"则是把情绪语言化，表达了情绪。"我现在觉得很委屈、很受伤"则是更成熟地把情绪语言化，表达了更深层、更真实的情绪。

这两种训练，可以让你成为一个情绪自理能力强的人。

怎样解释原因，就有怎样的情绪

1. 归因：解释风格

当你遇到一件跟自己的期待不一致的事情时，你可能会产生各种情绪。比如你突然发现被出轨了，你会失望、伤心、难过、生气……

人在情绪里会有失控感。这时候人就会为发生的事情寻找原因，会想这是谁的什么原因导致了这个事件，会找到很多证据，来解释事情发生的原因，以增加内心的确定感。这个解释的过程，就叫作归因。

根据常识我们也知道，一件事情的发生，一定是多方面、多因素综合导致的。归因理论认为，人对于一件事的解释，有三个维度和六个值：

内—外方向：即内归因和外归因。我们把这件事情的发生归结为自己导致的就是内归因；认为是他人、环境等外在原因导致的就是外归因。比如是我的什么特点、我做了什么导致了他出轨，就是内归因；他做了什么、他是个什么样的人导致了他出轨就是外归因。

稳定—不稳定值：即稳定归因和不稳定归因——我们会把一件事归结为稳定性高、较难变化、不怎么随着情境变化而变化的因素；或者稳定性低、容易变化、随着情境不同而不同的因素。比如说我长得难看或他是个花心的人等导致了他出轨，这是稳定归因；我不该把他最爱的游戏删号或他不该被某人诱惑，这是不稳定归因。判断稳不稳定，这个是当事人说了算的。

可控——不可控度：即可控归因和不可控归因——导致这件事发生的因素是可以通过人为控制改变的，还是不能通过人为控制改变的。比如我如果可以天天给他做饭、对他好一点，他就不会离开我了，就是可控归因；天性、天气、政策原因导致的，就是不可控归因。判断一个因素可不可控，也是当事人自己的判断说了算的。

任何事情的发生，一定能在这三个维度、六个值上找到至少各两个原因。也就是对于一件事的解释，你找到至少八个层面上 N 个不同的原因，才算理性和客观。它们分别是：

内 - 稳定 - 可控归因

内 - 稳定 - 不可控归因

外 - 稳定 - 可控归因

外 - 稳定 - 不可控归因

内 - 不稳定 - 可控归因

内 - 不稳定 - 不可控归因

外 - 不稳定 - 可控归因

外 - 不稳定 - 不可控归因

不同的解释，会让人产生不同的情绪。但上帝设计人的大脑的时候，可能走了个神，让人容易一根筋。人一旦对某个问题产生了特定的解释，基本就停止了朝其他方向思考的可能性。

我们太习惯只找一个原因来理解一件事，这时候，我们就会停止思考，沉浸在情绪里。即，使用线性的、单一的归因方式来解释问题。当你坚持认为是他人品有问题的时候，就会越想越生气；当你坚持认为是自己不够有魅力的时候，就会越想越难过。

2. 内—外归因

在我们的成长课里，有个同学讲过这样一件事：闺蜜开车去接她，她迟到了 4 分钟才下楼。闺蜜火大，她也火大，然后两个人的关系迅速走冷。她火大的理由是：不就是等了 4 分钟吗？你脾气怎么这么不好。即使是我错了，有必要为了迟到 4 分钟而大发雷霆吗？

她采用了"闺蜜的脾气不好"来解释这件事，我们来看这个归因：这是一个外在的、不稳定的、可控的归因。

脾气是他人的，属于外归因。

脾气稳定吗？这个同学认为她有时候发脾气、有时候不发，所以是不稳定的。

脾气可控吗？这个同学希望闺蜜控制一下情绪，说明她认为脾气是可控的。

这个归因的结论就是：控制一下脾气这么简单的事，你为什么不做？

当她采用这个归因的时候，就停止了其他方向的思考。然后她继续寻找大量的证据证明自己的这个想法：这个人脾气不好，今天吃了枪药，不懂得尊重别人，没有耐心、不大度、骄傲……然后她会越想越气，对关系更加有失控感，继而对这段关系失望。

她进入了线性思考，在同一条线上越想越多，怎么都跳不到其他线上去，只能在这条线上越走越远。线性的归因方式，会喂养情绪。

线越长，情绪越烈。

把原因统统归给他人是一件很爽的事。当我们坚持认为是且仅是他人的原因导致问题出现的时候，我们就可以不用为此负责任了。我们可以通过幻想他人改变，来让自己舒服点。本质上来说，这就是婴儿的自恋：我希望全世界都围绕着我，为我服务。外归因的代价却是：我们会变得更加愤怒、委屈、怨恨……

后来我对她做了干预：请她从自身出发，找出 3 个以上的内归因原因来解释闺蜜为什么发火。她说：

我迟到了 4 分钟，却没有对她说"对不起"或"抱歉，让你久等了"，让她感觉我很拽；

人家本身就是开车来接我、帮助我的，我还理所当然；

我忽略了马路上不让停车，没意识到她等待的 4 分钟也是充满焦虑的……

我问她，从这个角度思考后感觉怎么样。她说，没那么生气了，知道当时怎么处理会让关系更好点了。

这是个比较聪明的同学。她使用的新的归因法是："我太理所当然了""我有错在先却没有为该事道歉""我忽略了她的处境和感受"。这些都是不稳定的、可控的内归因，内归因会让我们对这件事的可控感增强。

3. 稳定—不稳定归因

之所以说前面这个同学比较聪明，是因为她没有把不稳定的内归因导向稳定的方向去。假如她归因为"我魅力不够、家境不够好、长得不够高，才导致了闺蜜对我发脾气"，这样的内归因你会不会感觉怪怪的？

归因个人魅力是内归因，也是可以通过个人努力改变的，是个稳定值高、可控的归因。家境、相貌也是内归因，但却难以通过个人努力而改变，是个稳定值高、不可控的归因。这样一些稳定的归因，容易让人感到自卑和绝望。如果是不可控的归因，比如身高等，则更让人绝望。

比如我们课上有个工程师，当他工作做得不够好的时候经常自责和感到绝望。他对此的解释是：自己脑子笨。他采用了"脑子笨"这个归因来解释自己工作上的失败，这是一个稳定值高的内归因，难以改变。当他一旦沉浸在线性归因里时，就会找到更多的证据证明自己笨：以前读书的时候就只能靠拼时间来取得好成绩，这都是因为脑子笨。

类似的稳定归因还有：我处理不好关系，是因为我自己缺少爱的能力；他不做家务，是因为他是个不负责任的人。无论是自己还是他人，只要你觉得导致问题的因素是稳定的，那你就会感受到绝望。

从这里我们也可以发现：

内归因很多时候只是看起来很好的自我反省，然而并不是所有的自省都是有效的。并不是把所有问题都往自己身上揽，就是好事。难以改变的内归因，会让一个人越来越自责、自我攻击、自我嫌弃、对自己失望。这对于问题的解决没有任何帮助。

稳定归因并不是毫无好处。当我们发现问题是由稳定因素导致的时候，就很容易进一步联想到我改变不了、我控制不了，引发不可控的归因，然后开始了逃避之旅。然而对于喜欢挑战自己的人来说，稳定归因会促使他从长线改变。魅力、性格、智力水平、学历、体型等，这些稳定因素可以通过意志力改变，你可以制定一个长期计划来慢慢提升自己，那这就是一个较为成熟的、可以让自己越来越好的归因。

但对意志力比较弱的人来说，则需要尽可能地找到只针对特定事件的、容易改变、容易做到的因素进行归因，这样你就能在一次次改变中建立价值感，长期来看，这会慢慢增加你的自信。

我当时对这个工程师做了个小小的干预：找出只属于这件事的不稳定因素，你可以做些什么让结果更好？他说：

跟领导好好解释，学会拒绝同事给的活儿，当感觉自己不能胜任的时候，就表达自己真实的想法。

4. 可控—不可控归因及如何改变

稳定不一定不可控，不稳定也不一定可控。不可控才是一个人放弃的理由。"都是命运的安排"，做出这个不可控的归因，一个人就有了说服自己放弃的理由。

归因为可控因素，是比较成熟的策略。**可控，但你可以选择不去控制，你选择了放弃，而不是不得不放弃，这时候你就是在为自己负责。**

至于选择内归因还是外归因：如果你觉得改变自己比较可控，就较多地进行内归因；如果你觉得改变他人更容易，就较多地进行外归因。

至于选择稳定还是不稳定归因：如果你是一个有意志力的人，你可以尝试稳定归因，从富有挑战的层面改变。如果你没有那么大的意志力，那就可以从当下这件事不稳定的因素中找到可控的部分。

一个成熟的人应该具有这样的归因方式：

①能够进行多维度、全面、客观地归因，解释清楚自己为什么遇到这样的事。

②能够找到并专注于有利于事情解决的归因方式，而不是放纵情绪的方式。

一个成熟的人，他在遇到一个问题的时候，愿意去思考怎么面对；一个不成熟的人，会找到可以让他逃避责任的原因，而不是想去解决问题。

一个成熟的人使用有效的归因来解释事件，从而获得改变的可能性；一个不成熟的人会使用无效的归因来解释事件，放过自己或把责任推给他人。

我们都喜欢逃避。任务难度增加，会导致人逃避概率加大。逃避责任，可以让你感到轻松；面对事实，则是一种承担，不怎么轻松，但会让你获得更深层次的愉悦感和成就感。

我们也可以发现，如果想逃避责任，让自己轻松点，你只要幻想自己还是个婴儿，只要多找些他人的原因、不可改变的原因、稳定值较高的原因就好了。比如指责他人人品有问题。

但如果你想以解决问题为导向，面对自己、做个需要为自己和结果负责的成年人，你就需要找一些自己的原因、稳定值较低的原因、可控性较高的原因。比如说，这件事如果我 ×× 做，会更好。

成为一个成熟的人，有时候很简单。你不需要改变自己，你只需要拓宽自己——拓宽你的归因方式，而不是沉浸在线性的、单一的归因方式里。对于事件的解释，不仅只有你想的那一个答案，至少有八个呢。

无效的解释，会让你沉浸在情绪里，停止思考。有效的解释，会让你找到改变点，从而对症下药。

如何做一个
负能量爆棚的人

1. 负能量的人有什么特点

有这样一些人，浑身充满负能量，严重得能达到爆棚级别。一个人有这些特点之一时，我们就会觉得他负能量了：

攻击性强，喜欢评判，爱抱怨，看不惯的多。

自恋、自以为是、清高，总觉得自己是对的、有理的、高级的。

情绪化、思维消极、悲观，有时候显得滑稽且不合理。

觉得自己处境很可怜，虽然可能真的很可怜。

又可气又可恨，总让人想到可怜之人必有可恨之处。

絮叨、重复性话语多，有时有气无力，有时振振有词。

太匮乏了，才会见人就索取，有机会就抓住别人。这是潜意识对自己的一种保护。太匮乏是因为从出生开始就没被满足过，我们把婴儿时期对乳房的贪婪，变为成人后继续向另外一个人索取的需要。

你靠近这样的人，会感觉像掉到漩涡里一样，能量都被他吸走了。一开始你可能还会想着好心劝劝他，但是几个回合后，你马上就陷入无力感。你本来想帮他，但他能激发你的无名火，让你愤怒。

这类人最重要的特点是——缺乏自我检验能力，缺乏基本的自省能力。是的，他们不自知。

我经常给这样一些人做工作。原理上我知道该怎么给他们做心理工作，但是在精力、能力、体力上，我必须要做好十分充足的准备，才敢接这样的个案。因为我要有足够的耐心、洞察力、承受力来推动他们自省，把正能量内化到他们心里。

负能量不是一种人格，而是一种状态。每个人的内心在承受的挫折达到一定级别后，都会进入负能量的状态。只不过有的人耐受比较强，有的人耐受比较弱。所以我们观察起来觉得，有的人容易负能量，有的人感觉很亲切。

2. 负能量者的内心逻辑

当一个人进入负能量状态的时候，他们的心理世界是这样的：

你欠我的。

你应该为我负责。

你应该这样、那样做。

你帮我、爱我、为我做、照顾我是应该的。

你做不到、不按我的要求做、不对我付出就是你不好。

你做不到你就是混蛋，就应该下地狱受惩罚。

他们把别人对自己的爱和付出当成理所当然，毫无感激之心，他们拿很多"应该"去要求别人付出，他们大有贪心不足之势。一开始你想满足他，因为你善良、你爱他、你想对他好，因为你同意他的"应该"，也觉得自己应该去做，但是后来你发现这不仅是个无底洞，自己还会背负骂名。

当你听到这些句式：男朋友就是应该……、女人就是应该……、员工就是应该……、老板就是应该……、孩子就是应该……。也许你本来是想为他做些什么事，但是在面对这样的话时，你就会失去付出的动力，瞬间充满反感。

从客观上说，也许这些事情的确是应该做的。但是对方作为被满足者、受益者说出来，让做这些事情成为一种强迫和"不得不"的时候，马上就会激发别人内心的抵抗。

在一段感情里，"男人 / 女人就是应该……"是杀死感情的毒药。在公司里，常说"老板就是应该……"的员工，是最难以得到晋升的，甚至容易被开除。总觉得"员工要晋升，就应该……"的老板也会失去人心，最终导致业绩低下。

3. 被看见是对一个人最大的安慰

人之所以不喜欢被这么对待，是因为这些人用他们强大的需求吞没了你，让你的自我没有任何方法得到彰显。你对他们的付出，你做的所有事，都是被忽视的、不被看到的。除了满足他们，你的自我是不能存在的。这时候，人除了抵抗和逃跑，别无他法。

所以负能量的人，经常遭遇拒绝、愤怒和冷暴力。

被看见是对一个人最大的安慰，被忽视是对一个人最重的酷刑。我们之所以愿意持续为一个人付出，有时候不是因为他回报了我们什么，而是因为他看见了我们的付出。

你可能成了一个充满负能量的人，正在被讨厌着，却未必自知。

但你可以检查你自己：你是否会用"××就是应该……"的句式去要求别人？你是否会觉得，别人理所当然地就应该为你做点什么，虽然那是很简单的事？

我们课上有个同学问我，为什么她的老公总躲着她、对她很冷淡，问我该怎么办。我教了她两句正能量的话：

"我可以为你做些什么呢？"这是一种愿意看到别人的需求，并且愿意在自己能力范围内帮助和满足别人的表达。

"谢谢你为我做了这些。"即使别人做了理所应当的事情，也说一声谢谢。谢谢的意思是：我看见你了。你所做的，都是有价值的。

无论对方做没做，付出没付出，我们都可以看到他们的存在对我们的意义，都可以看见对方。这种看见，会促进两个人的联结，让人愿意做得更多。

4. 没有人"应该"为你做什么

人在负能量还是在正能量里，其本质区别是：当你面对挫折，你是希望自己负责，还是希望别人为你负责？

面对挫折，人的惯性反应是：好想有个人来照顾我，很想有个人来满足我。

但是你需要睁开眼看看，该停停了。虽然你从来没有被满足过，但是的确没有人再能满足你了。不睁开眼，你会继续闭着眼向别人索取，但是睁开眼看看，你可能永远都无法再得到那种满足感，这是一种丧失。

无论别人和你是什么关系，都不欠你的。无论你主动为别人做过什么，都不必索取回报。世界上也没有谁是应该为你做什么的。即使别人客观上欠你的，客观上应该为你做什么，做不做，也是个人的选择。

如果你只想得到一次回报，你可以用强力、暴力、打击、攻击的形式索取。但如果你想维系一段关系，就需要看见别人，看见已经拥有的部分，这才是长久之道。

看见别人为你付出的部分，拥有的部分将会越来越多；只看见自己缺失的部分，缺失的部分便会越来越多。

为什么别人的否定和指责会让你受伤？

1. 别人否定我，就是我不够好

　　被认可是人类共通的心理需求，我们每时每刻都需要被满足。当人不能通过自身来确认"我很好"的时候，就需要以他人和环境为镜，来确认自己的存在是足够好的。这时候我们就会希望他人多给予认可、表扬、称赞、夸奖、喜欢等正面回应，同时希望他人不要给我挑剔、否定、指责、嘲笑、不喜欢等负面回应。

　　你做了件事被指出来有不够好的地方，某个东西或某件事被别人嘲笑、嫌弃了，这样的事情，在我们每个人的生活里都无数次发生着。总有人会觉得你不值得，觉得你不够好，这是人生的正常现象。没有人可以完全肯定你、接受你、满足你，因为你不是这个世界的中心。

　　有的人在面对拒绝、否定、批评、指责的时候会受伤、会反驳：你这么说我是有问题的、我没有错、你不应该指责我。在这种慌乱的抵抗里，人很少会想：指责就指责呗，这有什么好反驳和纠正的？

　　因为在反驳里，人有一个逻辑就是：别人接受或肯定我，我才是好的。我的被定义权在你那里，你只有说我好，我才能感觉到自己是好的。你说我不好，我就必须要向你证明我是好的，我才能感觉到自己是好的。

因此，反驳的本质就是：你否定我，就是我不好。但我不想承认我不好，所以你赶紧改一下看法吧，别让这个前提发生了。

有的人在面对否定的时候，则连反驳的底气都没有，直接陷入自我否定：当自己被否定，就觉得自己不够好，觉得自己不被爱了，觉得自己一无是处……

表面上看来，别人只是提出一个小小的否定，但在反应强烈的人那里，他们把一个小小的拒绝或否定在自己的世界里进行了无限放大，上升到自己不够好的高度。他们怕的不是被拒绝和被否定，而是看到了自己不够好。

这其实是一种非常自恋的想法，动不动就要跟自己好不好扯扯关系。这感觉仿佛是地球爆炸了、美国地震了、小猫怀孕了，都是因为自己不好导致的。实际上，别人在拒绝和否定你的时候，可能压根没想过你好不好这个问题。

2. 是你在否定自己

表面上看起来是别人在否定你，实际上呢？

如果你受不了别人对你的否定和指责，一定是你先对自己做了很多。假如一个人能够承载的否定值有 100 分。你先对自己做了 80 分，就只给别人留了 20 分的空间，因此你只能承受 20 分的、来自他人的指责和否定。在这个范围内的指责和否定你不在乎，多了你就会抓狂。

你对自己做了 100 分，你就受不了别人一点点的否定和指责。别人的否定，只是压死你价值感的最后一根稻草。一头满负荷的驴子，看不到满负荷的问题，它只会觉得：这根稻草为什么要给我增加重量！

如果你对自己做了 120 分，你就需要从别人那里多索取 20 分的认可，才能正常活下去。因此，你会观察到这样一些人：你不肯定我，就是在否定我；你不足够真诚、及时地肯定我，就是在否定我。我们常常说这种人"敏感"。他们会觉得：我这么努力，为什么没有人来给我认可！

你也会观察到这样一些人：他们面对别人的指责和否定，依旧能淡定自若、界限分明、不卑不亢。因为他们较少否定自己，那么来自他人的否定和指责就触碰不到他们的底线。

有人问过我，和一个情商低的人谈恋爱是一种什么感觉。我比较喜欢这个答案：

——我喜欢你。

——是吧，我也喜欢我。

只不过现实版本是：

——我嫌弃你。

——是吧，我也嫌弃我。

你无法认可自己，才需要别人认可你。

当一个人骂你神经病的时候，如果你能通过良好的自我认知肯定自己，知道自己不是神经病，那么你就不会对骂你的人做任何反应。但当你的潜意识开始怀疑自己的时候，你就会启动自己的防御机制：你才神经病，你全家都神经病。一个人努力证明自己不是一个神经病的时候，恰恰暴露了他是神经病的事实。

因此我们说，当一个人对否定、挑剔和指责起反应的时候，无论他是在认同或者急着否定，他都是同意了。因为你匮乏，所以就问别人要得多了。

3. 除了是你的原因，还可能是别人的原因

你做了一件事，别人否定了你，除了可能是因为你做得确实不够好以外，还有很多可能性。比如说，对方瞎、智商低、情商低。也就是说，除了可能是你的原因，还可能是他的原因。

我们遇到过太多这样的人：喜欢盯着别人的缺点而看不到别人的优点，嘴里只有批评而较少有表扬。他们对人、事、物的标准极高，一般的东西都入不了他们的法眼，所以他们评价某部电影、某个作品时，首先能看到的是这个作品哪里不足，并迅速指出来。

也有的人天生不具备同理心，无法共情到别人的脆弱。他们心直口快、口无遮掩、界限分明。对自己有利的、符合自己口味的他们就接受，反之，他们就拒绝和咒骂。他们只是很有界限而已，跟你好不好没有关系。

总有些人尖酸、刻薄、高标准。如果你遇到了这样的人，你太容易被否定了。难道你不能满足他们的胃口，就是因为你不够好？

还有的人会用否定、批评、指责、拒绝来表达爱，他们希望你更好，但是他们没有直接表达的能力，就不得不用相反的方式来表达。比如你从小听到大的"这次怎么回事，怎么又没考好！"实际上只是希望你下次能考得更好。

有时候则是因为你太好，而他人的潜意识里看不得你比他更好，所以要趁机打压你。有些吃不到葡萄的人就是喜欢说葡萄酸。

有的人否定或拒绝你，只是因为他今天被领导骂了、被狗咬了、没睡好觉、被老婆罚跪榴莲了等等。他也很可怜，而你恰好撞在了枪口上。

总之，**别人拒绝你或者否定你，这和你本身好不好是两码事。**有时候有关联，有时候没有。即：

他拒绝或否定你，有时候是因为你不好。

他拒绝或否定你，有时候是因为他不好。

他拒绝或否定你，有时候是因为你太好。

他拒绝或否定你，有时候是因为天气不好。

他拒绝或否定你，有时候无关乎谁好不好。

4. 你曾被大量否定过

为什么有的人喜欢从自己身上找原因，而不喜欢找别人的原因呢？

因为从来没有人教过他怎么认可自己。我发现那些在意别人的认可的人，都在幼年遭到过来自重要的人的无情打击和否定。当他们做得好的时候会被说"不要骄傲"，没有一丝丝的肯定；当他们做不好的时候会被说"你怎么连这都做不好"，遭受各种粗暴否定。

没有人帮你内化"我本来就很好"的自我概念，反而给你内化了"我本来就很差"的自我概念，当你长大后就成了：做好了，很正常，我是不会表扬自己的；做不好，连好的部分都看不到了，否定和挑剔自己一千遍。

在这样的环境下长大的孩子，就会对否定和拒绝极其敏感。因为他们已经承受了太多，不能再多了。这种"我不够好""我不值得"

的感觉被深深地烙在潜意识里，这感觉太熟悉、太踏实了。

我们应该知道：爸妈不认可我是他们自己的能力问题，他们没有表扬别人的能力。但小孩子却将其内化成：是我不够好，你才不肯说我好。

那些从小就缺少的认可，长大后终究要问这个世界要回来。你爸妈欠你的，你就会问所有靠近你的人要。谁靠得越近，你问谁要得越狠。无论是老板、朋友，还是恋人。

但你要知道：你终究无法从别人那里得到终极认可，别人不是你妈，江湖复杂，多有波动，你必将会受伤。

当你能认可自己多一些，问别人要得就少一些。对自己的否定和挑剔少一些，你留给别人的空间就多一些，受的伤也就少一些。

5. 怎么应对被否定

长大的过程，就是变勇敢的过程。这个勇敢就是：当被拒绝和被否定的时候，敢于找到"都是我不好"之外的第二、第三、第四个原因，而不是沉迷于自我否定中无法自拔。这也是界限：你的原因归你，别人的原因归别人。

更进一步的勇敢就是：

去核实对方为什么会拒绝和否定你，而非"自以为是"地认为是自己不够好导致的。你可以去好奇：

他怎么想的？他为什么这么想？我可以为他的想法做什么？

内心脆弱的人从来不关心别人为什么拒绝或否定他们，不去核对、不去询问、不去调查、不去面对现实，只是陶醉在自己的世界里，幻想并坚守着"都是我不好"这一个原因，然后自怨自艾。

第三层勇敢就是再次尝试的勇气。你否定我，是你的事。只要我不否定自己，没有人可以否定得了我。在这个渐渐认识客观现实的过程中，你就慢慢学会了自信——所以，我可以再次去尝试。

自信，就是我选择表达自己，并允许自己被否定，这不代表我不好；就是我主动发出邀请，并允许我被拒绝，这不代表我不好。

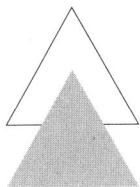

第三辑

当你呼唤，
你就会被回应

我就是喜欢
你对我发脾气时的样子

1. 发脾气的人是最可爱的人

对亲近的人发脾气，我想是这个世界上最可爱的事之一了。我是说，不带动手的那种。有个你亲近的人愿意跟你发脾气，也是件很幸福的事。把脾气留给亲爱的人，把客气留给陌生人——我见过很多这么可爱的人。我喜欢那些愿意在亲密的人面前发脾气的人。

如果你觉得我这种想法不正常，那是因为你不了解正在发脾气的人。发脾气看起来很凶，有的人很容易被吓到。但其实如果你带着好奇往内看，你能看到一个可爱的人。

最可爱的地方就是：**人在发脾气的时候内心最脆弱，也最柔软。**

古时候打仗，如果一方的军队倾巢而出，那么他的大本营一定是虚空的。关羽就是这么失去荆州的。很多对抗赛也是如此，一个人在进攻的时候，也是最容易被打倒的时候，因为那时候他最脆弱。我们也一样，当一个人把全身的能量都集中在攻击他人的时候，一定是他内心最软弱的时候。如果你能绕开他外在的攻击性看到他的心，一定会发现，那里此刻没有任何防备，软得让人心疼。有时候亲近的人发脾气让我们害怕，是因为我们看不到他内在的柔软和脆弱。

人没有受过控制脾气的训练时最可爱。就像一个没有受过训的下棋人，他派出全部的兵，径直而下，没有后路，没有防备，没有遮掩。这时候你只需要拿出一点点精力去看看他的心，你就能得到它。

2. 当你发脾气时，我知道你很难过、很害怕

人在特别生气的时候，会气到发抖。本质上，那是恐惧，是因太害怕而战栗，像一只受了惊的小鸟一样。当人在害怕的时候，却不相信有人能保护自己，害怕就会转化为愤怒用来自我保护，人就会成为愤怒的小鸟。你去回忆一下自己生气时候的场景就会发现，除了气得难受外，你心底还压抑着很多你细细品味才能感觉到的恐惧。

人在生气的时候，内心也体验到了很多委屈，觉得自己被深深伤害了。也许从道德与道理上讲，你不该委屈，没什么大不了的，没什么好生气、好受伤的，但那一刻你就是体验到了委屈和受伤，那感觉真实地存在着。你觉得无辜和绝望，那一刻你受到了伤害，所以你奋起反抗。

没有人愿意主动当侵略者，除非有足够的诱惑。当你不是为侵略而发脾气的时候，一定是因为感受到了伤害，所以要反抗。虽然伤害不一定真实存在，但你就是真实地感受到了委屈。

客观上发生了什么，我并不关心。我只想关心此刻你的内心感觉怎么样。

当有人愿意看到你的委屈时，我相信，你的脾气就没这么剧烈了。

我知道，当你发脾气的时候，其实只是想掩饰自己的委屈和受伤。你那剑拔弩张的外表下，有个受伤的小孩，他非常害怕，他蜷缩

在角落里，没有人看见他，没有人重视他，没有人关心他，没有人问过他：你还好吗？

于是你学会了"人不能脆弱""人不能无能""人不能低头"。你排斥那个脆弱的自己，所以你从来不让他出来，然后渐渐学会了用反抗的方式保护自己。你不相信那个受伤的自己是值得被安慰的，所以用外表的强大来掩饰自己受伤的内心。

脾气只是你的一种恐惧，这种恐惧其实有三种表达方式：

①这都是你的错，都是你不好，你不该这么做。

②我对你很生气，我对你很愤怒，我对你很不满。

③我觉得很受伤，此刻我很委屈，我很难过。

第一种是付诸行动，第二种是表达自己，第三种是表达隐藏的自己。你更喜欢听哪种，更喜欢用哪种方式来表达自己的恐惧呢？但如果你对我发脾气，我会听到最后一种。

3. 当你发脾气时，我知道你在需要我

当你对我发脾气的时候，我知道你心底那个受伤的小孩在需要我、在呼唤我。但是你没办法直接表达需要，所以你就拐了个弯来表达。

我知道，很多时候你都不能直接表达自己的需要。我理解你，因为直接表达需要，会让你感到没自尊、没面子，直接表达需要会让你觉得欠我的。你从内心深处也不相信自己是值得被满足的。这些我都看得见。

你既需要我的安慰，又不能直接表达需要。所以你那伟大的潜意识自动选择了用生气的方式表达需要。**人太需要另一个人的时候，又**

怕被人发现自己需要别人，就会以一种推开的方式来表达需要。

那一刻，我知道你很需要我，就像一个找不到妈妈的宝宝，他受到了惊吓，哭了很久却没人理。当妈妈回来的时候，他就开始边哭边责怪妈妈，甚至用他的小手打妈妈：你哪去了？你为什么乱走？你不是个好妈妈！

我不会先去解释我为什么不在，更不会反过来冲你发脾气："你怎么能打人呢！""你脾气怎么这么差！"我只想抱起这个宝宝，告诉你，我一直都在。

发脾气，是一种求爱的方式。对人发脾气的时候其实是在说：求求你，给我一点爱。当你的需要被满足的时候，你的脾气就自动消失了。

4. 对我发脾气是你觉得我值得信任

人在发脾气的时候，其实是在遇到压力时丧失了成人功能，而采用了一种更早期形成的应对方式处理问题——心智水平成了一个小孩，这个过程就叫退行。发脾气其实是在说：我此刻没有能力为自己负责，我要哭、叫、闹，我需要你为我负责。这其实就是小孩对妈妈的态度。

退行，只会在安全的环境下发生。环境越安全，人就会退行到越早期。如果你遇到一个脾气非常非常好的人，你在受挫的时候就能一次次退行到婴儿期，你会看到自己跟婴儿一样贪婪、自私、哭闹。因为我们觉得这个对象是稳定且安全的。如果一个人从来不在我面前发脾气，我会觉得他从来没有真正信任过我，把自己交给过我。

你在我面前发脾气，因为你相信我愿意满足你，且觉得我有能力满足你，你把我当成了你理想的父母，你觉得我对你是安全的，所以愿意把自己的需要交给我。

撒娇就是一种退行，发脾气也是一种退行，它们都是在表达需要。只不过两者的表现形式不同，但本质却相同。

小孩子有种撒娇方式，就是边哭边擦着鼻涕、嘟着嘴有模有样地说着狠话，我觉得很可爱。所以当你发脾气时，我知道你只是在撒娇。那一刻你不是外面那个风光无限、懂事能干、风度翩翩、知书达理的你，那一刻你只是个撒娇要爱的小孩。

在关系中，你会发现，无论男人撒娇还是女人撒娇，其实都很可爱。

5. 看到你，而非认同你

当你说难听的话时，我不会受伤。因为我知道你只是在表达你的需要，并非在指责我不好。小孩子在生妈妈气的时候，都会说几句"你是个坏妈妈，我再也不想理你了"之类的话。如果这个妈妈自身很需要被表扬、被认可，自身带着创伤没有被修复，她就听不得孩子说这样的话，她会觉得这是个白眼狼：我供你吃、供你喝，你居然否定我，说我是坏妈妈。实际上这时候被孩子激怒的妈妈，也退行到了小孩子，他们只不过是两个都想把对方变成妈妈的小孩子，说着同样的话：

一个说，你应该满足我，应该表扬我。

一个说，你应该满足我，应该照顾我。

作为妈妈，我可以不去认同孩子对我的否定，因为我知道自己是个好妈妈。我知道你这些话并不是针对我，你只是要用狠话、难听的话来引起我的注意。你需要的并不是打败我，而是让我看看你的伤。因为你的潜意识很清楚，说难听的话比好好说话更容易引起另一个人的关注和重视。

6. 引导你，而非拒绝你

我也不是那么强大能满足你的所有需要。我会引导你直接表达需要。当我看到你在发脾气，我可以直接问你：你希望我怎么做呢？我怎么做你会舒服呢？能跟我说说你的难过和委屈吗？

有的人觉得这是在纵容发脾气。发脾气只是一个人没有能力表达自己的结果。如果对方学会了用更好的方式表达，没人喜欢发脾气。而对方之所以不会，是因为他没学过。那么，你可以成为教他的那个人。

爱不是纵容，而是允许和接纳。爱是我知道你想要什么，我看到了。如果我有能力满足你，我会尽力满足你；如果我不能，我也会耐心跟你解释为什么我不能。爱不是满足一个人的所有，而是一起讨论我们可以怎么对待你的需要。

发脾气是因为有期待、有需要，想和人建立更好的关系。这难道不是在赤裸裸地求爱吗？所以，让一个人不发脾气的方式，不是制止他，让他压抑自己，而是看到他，跟他一起表达他的需要，然后讨论他的需要是否可以被满足。

当你对我发脾气，我不想让你压抑自己，因为压抑会让你更加远离我。当然，如果我不想爱你、不想满足你，那是另外一回事。但我不会指责你，说你不该向我求爱。

毕竟，我不爱的人向我求爱的时候，我也挺开心的，我可以坚定地拒绝，告诉他：绝不。

别人**不理解**你很正常，
毕竟你也不理解**自己**

1. 别人理解你的两个步骤

我和别人沟通的时候，如果别人不理解我，我还是很不爽的。从直观感受上来说，当我不被理解的时候，就会觉得都是别人不好，这样想我就成功地安慰和保护了自己。但是多年的心理学经验又告诉我，这样想太扯淡。别人又没刨我家祖坟，凭什么不理解我就成了他们的错啊。我肯定也哪里出了问题。

如果我们把"让别人理解我"设为一个任务的话，分解它会让我们更清晰地看到发生了什么，进而处理好这种不爽的情绪。让别人理解你，其实就是两个步骤：

第一，表达。你能清晰、明白地表达自己的想法。

第二，理解。别人能准确地理解你的意思。

从这两步来看，别人不理解你，至少有 50% 的问题出自你。别人不理解你，除了别人的理解能力不够外，还可能因为你表达得不够清楚。

从改变的角度来说，思考如何让别人改变来理解你，就不如思考如何更好地表达自己以被理解更实用。而且，你学会了表达自己可以让更多人理解你；而通过让某个人改变来理解你，你却只能得到一个人的理解。

2. 表达自己的四个方法

当我们需要别人理解的时候，通常会用这几个方法来表达自己：

①真诚地表达自己。逻辑清晰、语言简洁，并根据对方的反应调整自己的语言，使之符合对方的理解力。这样，对方就很容易明白你的意思。这是一种比较成熟的表达方式。

②从反面表达自己。用一些生气、抱怨、责怪、讨厌、推开的话语来表达对方为什么不理解自己，为什么他说的、做的跟自己想要的不一样。很多自尊心强的人不愿意正面表达自己的需要，通常会采取这种方式。

③用表情和肢体语言表达自己。我很希望你理解我，但我又不知道怎么开口。我就用厌烦、冷漠、焦虑等表情传达给你。当我在火车上工作时，要是旁边有个娃咿咿呀呀吵个不停，我烦之又烦，又不好意思说，就会做出一些不耐烦的表情，希望娃妈能读懂，理解一下我这个正在工作的人。很多习惯讨好、不会拒绝的人会选择如此表达自己。

④用心灵感应来表达自己。即我什么都没说、没做，但我希望你能理解我的处境，理解我的哀伤。好似你既然活着又还没瞎，就应该理解我啊。这其实源自婴儿时期我们对妈妈的绝对关注的需求。

当我这么总结出来的时候，你会很容易发现：一层比一层更容易，但一步比一步难以被理解、对他人的要求更高。一个人怎么表达自己，也体现了他的心智成熟程度。

假设别人的理解能力为恒定值，你怎么减小他人理解的难度，就是你能被理解的程度了。现实却经常是：当你自己对自己都不清楚的时候，不去想怎么调整自己的表达，而是想调整别人的理解能力。

3. 为什么会表达困难

真诚地表达自己，有两个前提：

①对自己足够了解。

如果你自己都不知道自己怎么了，就很难说清楚。当你对自己的内在状态很清晰，知道自己发生了什么，就比较容易组织语言来表达，并且能根据对方的理解程度多方位组织语言。

如果你养了十年猪，你对猪的印象就非常清晰，你就能用一百种方法给一个没见过猪的人描述清楚猪是什么样。但是如果你没见过猪，只是在教室里听过，然后你给另外一个人讲猪的样子时，你就很容易这样想：你怎么这么笨，一点都不理解我在说什么。

因此，当你感觉到不被理解、想被理解的时候，要先问问自己：我怎么了？我怎样才能把自己说明白？而不是一下子就陷入"你为什么不理解我"的委屈里。

②相信自己是重要的，是被感兴趣的。

表达清楚自己，需要耐心和细心。这就意味着，你得相信别人是想了解你的，是对你感兴趣的。这样，你在表达的时候，才有兴致思考自己。表达一开始受挫是正常的，需要根据对方的反应来调整。

如果你在表达受挫后会愤怒，可能是你把"你不理解我"和"你不在乎我"挂钩了。那一刻，你觉得自己不重要、不让人感兴趣，这让你感觉到羞耻，继而恼羞成怒。被理解是个耐心活，有点像学术讨论。你得花时间，并邀请对方一起花时间来陪你表达。然后你就能慢慢学会表达自己。

有的人觉得，对方的确对我没兴趣啊，我的确对他不重要啊。那，你这么不重要，还要求他理解你吗？

4. 为什么那么需要被理解

渴望被理解就是，我需要你的回应，我希望真实的自己被你看到。此刻，我感觉很无助、很孤独、很害怕，我感觉自己一个人要被吞没了，要窒息了，我需要一个强大的客体回应我。所以我要花费很大的代价，来获得你的理解。我认为，你理解了我，就可以救我于水火之中了。渴望被理解，就是一个人在慌乱中为了自救所做的挣扎。一个内心愉悦、平和、有安全感的人，希望被理解，愿意分享喜悦，但对不被理解并不会感觉受伤。

渴望被理解就是，我要抓住你。我要跟一个强大的客体共生。而抓的过程，又会让对方感受到被吞噬，想推开你。于是你进一步体验到自己不重要、很无助。

所以如果你感受到不被理解，又不知道怎么表达清楚自己，那么这时候恰好是一个机会：你内在有些无助感不耐受了，你需要静下来，向内看，看看你在无助什么、在需要什么、在害怕什么；看看你要做点什么，才可以让自己好受些。

对于婴儿来说，当他感到恐惧时，第一反应就是找妈妈。因为妈妈是强大的，可以很好地安抚他。遗憾的是，婴儿没有能力表达自己，只能靠母亲猜猜猜。母亲猜准了，婴儿就回报母亲笑脸，并从母亲的反应中知道自己怎么了，从而正确掌握表达的技巧。但如果母亲不够敏感，总是不理解婴儿，婴儿在长大的过程中就会留下这种幻想：一个能猜中我怎么了的强大客体给我保护和照顾。

婴儿期就不被妈妈理解的孩子，长大过程中也很难有人教他表达自己。这种幻想，就在潜意识里一直留了下来，直到能够遇到一个人告诉他，他怎么了。然而，这很难。

比有人理解你更重要的，就是你先理解你自己，帮助你自己。毕竟，你已经长大了，有足够的能力保护自己、照顾自己了。这个，比别人理解你更容易。

真正的内心强大，就是敢于需要别人

1. 亲密关系中的愤怒

我们时常会对亲密的人、在意的人苛刻至极，会要求对方秒回短信、随时关注自己、为自己做各种小事等，当他们做不到的时候我们就开始歇斯底里，开始愤怒、抱怨，继而冷漠、绝望。

亲密关系有时候像战场，是经常激活一个人的愤怒情绪的场域。同样一件事，别人做了你没感觉，但亲密的对象做了，你就会很生气。这就形成了一个有趣的现象：我们会把友好留给陌生的人，把愤怒留给亲爱的人，把悲伤留给自己。

有时候，我们也会对自己充满鄙夷，觉得不该这么对待亲密的人，不该如此折磨深爱自己的人，觉得不应该无理取闹，如此苛刻。但是又控制不住，当对方不能满足自己的某种需求时，情绪又开始爆表。最终又陷入了"苛刻—愤怒—自责—更苛刻—失望—绝望"的死循环。

当你愤怒的那一刹那，你应该停一下，去聆听自己的愤怒，愤怒其实是一种强烈的需求。我对你愤怒，是因为我想从你那里获得，想从你那里拿走一些东西，以得到满足。我有多愤怒，其实就有多需要你——需要你在我身边，需要你陪着我、在意我、关心我。我对你发火，只不过是想指责你没有做到。

但是用愤怒和抱怨表达后的结果却常常适得其反。愤怒，会让对方产生特别强烈的无力感，他会觉得做什么都是错，从而什么都不想再做，即使想去做也会感到力不从心。抱怨则会让人产生特别强烈的被淹没感。被别人抱怨的时候，人会感觉到自己做了多少都是 0，被盯着的永远是没做到的部分，即使做了 30 分、60 分，只要没有达到对方眼中的 100 分，就都会被定义为 0，继而产生做什么都白做的感觉，像是被吞没了一样。

2. 我需要你，但我不能说

人类是一个奇怪的物种，既然如此需要被爱、被看见，为什么不能直接说"我需要你来关心我、爱我"，反而要用一种反面的、推开的方式来表达呢？我很需要你，这是一个事实，为什么会这么难说出口呢？

首先是自尊。"需要"这个词，给人带来的最原始印象就是弱者才需要别人。一旦我承认了我需要你，就意味着我比你低，自尊心上就受不了。而且我需要你，也意味着你可能不会满足我。当我需要你而你却不满足我的时候，我的自尊心就会受到重挫。

我害怕你拒绝我，于是我不能直接要，我只有通过愤怒的方式让你知道，你做错了，你需要改正来满足我。毕竟，在我愤怒的时候你拒绝了我，要比我直接表达需要而被你拒绝，自尊上要好受一点。

其次是爱的证明。有的人会觉得，如果我开口表达我的需要你才满足我，那你并不是真的想满足我，你只是出于某种义务或不耐烦才做的，我索要来的就没意义了。那感觉像是一种施舍，好像我在乞讨你的爱一样，即使我得到了你的爱，那也不是真的。其内在逻辑就是：如果你不能主动识别并满足我的需要，那就不是真的爱。

如果我愤怒，你能来安抚我的愤怒，透过我的愤怒看到我的需要，安抚我的需要，那才是真的爱。

第三是安全感。我需要你，那么你就掌控了我。从进化心理学的角度来看就是：你掌握着我的生存资料，掌握着我生存的权利。这就是很可怕的一件事了，你掌控了我，万一你抛弃我怎么办？你伤害我怎么办？这不是挑战我的原始安全感吗？我们内心有极深的恐惧感，而我们面对这种恐惧感的习惯性方式就是让它变成愤怒。

愤怒在说：别以为你有什么了不起，可以掌控我。我可以让你马上滚，来证明我一点都不在意你。

所以如果我们看到了自己或别人的愤怒，一定也同时看到了恐惧。关于低自尊、被抛弃、被控制的恐惧。

有的人连愤怒都进化不出来了，直接跨越到绝望。他们发展出自我合理化的信念进一步安慰自己：其实我不需要你，没有你我也可以过得很好。没有人有义务满足我，我只能变得更强大，一切都只能靠自己。

3. 表达需要，就是内心强大

我所理解的一个人内心感知到的强大，有四个层次：

一种是愤怒。愤怒真的让人看起来很强大。理智上我们知道，愤怒其实并不是强大的表现；但从感受上来说，愤怒的时候，我们避免了显得比别人低，并借此完成了让自己心理变强大的过程。

　　一种是假装不需要。当我得不到，起码我可以告诉自己，我其实不需要。也就是酸葡萄效应，吃不到葡萄要说葡萄太酸，我不喜欢吃。这样我就可以拿回主动权，不让自己显得比别人低，以表现出我的内心其实很强大。

　　一种是修行到不需要。很多心理学家、灵修学家、鸡汤学家都在告诉人们：你可以先爱自己，你完全可以自我满足。于是更多孤独的个体开始自我修炼：我自己满足自己就好了，不需要你。理论上说，这也是可以的，但代价似乎有点大。

　　还有一种，就是坦然地表达需要别人。我所理解的真正的强大，要有需要别人的能力。我们向对方表达需要，并不意味着自己比别人低，更不意味着我就失去了自我或者尊严。我们太习惯于不表达需要，因为表达需要就意味着受伤、被人拒绝、不被满足、没面子。而真正的强大是：我表达需要，但我不会受伤。有表达就有不被满足的概率，表达本身就是一场赌博。得到很好，失败也无须觉得受伤。

　　我只是承认我在某些方面的确无能、是需要你的，不代表我这个人无能。就像我去餐馆点菜，此刻我没有能力和条件做饭，需要餐馆给我饭菜。同时我不觉得我因此就比你低了，因为我坚信我对你也有付出，也让你很满足，我们是平等的。当我表达需要的时候，我并不强迫你满足我。你可以跟我说，对不起，本餐厅今日没有这道菜。那我换个菜或者换个餐厅好了，而不会大吼：你为什么居然没有这个菜？！你平时不是都有的吗？！

　　需要别人与依赖别人不同。依赖就是完全不相信自己有能力，也不会行使自己的能力，而是把自己交付给对方，让对方来满足自己。

依赖会形成强迫，你不满足我，我就很受伤，容易绝望。需要则是，我选择表达，这是我的事。你能否满足，就是你的事了。我不会因为不确定你是否能满足我而不表达需要，更不会因为我有很多没被满足的经验就任意下判断，说你不能满足我。

依赖就是我不行，你来替我做。而健康的需要是：我也努力，你陪我一起。

4. 我需要你，但不强迫你

人们内心有很多需要，从他人那里得到满足要比自己创造容易得多。而从他人那里得到满足最好的方式有：

第一，直接表达。你可以坦诚表达：此刻，我需要你。如果你方便，就满足我一下；如果不方便，就下次再满足我。当我有需要，我就直接表达，而不是愤怒，或者假装不需要。表达的另外一个意义就是，让别人更容易理解你，也就可以更容易满足你，而不是告诉他"我对你愤怒是因为我需要你"，要求他脑子转三个弯才可以理解你。

其次，尊重。我需要你是我的事，你是否满足我则是你的事。我需要你但不会强迫你，这样，我们的关系就会和谐很多。不带强迫的需要，有利于促进关系。

第三，信任。我相信我是值得被你满足的。如果你能满足我，我相信你会去做的。当你不能的时候，我也不会认定，你本该每时每刻都能。我相信我是值得被你满足的，当你没有满足我的时候，我相信这不是因为你不想，而是你的觉察能力、精力、意识范围都有限。

第四，感激。你之所以能保持需要，是因为有被满足的经验，这是一种间断性强化。间断性强化就是有时候能被满足，有时候不能被满足。比如说赌博，有时候能赢，有时候不能。正是这偶尔的强化，才让人欲罢不能，想每次都赢。假如赢的概率为 0，人也就放弃了。被满足也是这样的，你所在意的人有时候能满足你，有时候不能，让你产生了"他是可以满足我"的感觉，继而让你想要每次都得到满足。因此，我可以通过记住那些你曾经满足我的部分，并对此表达感激，来强化自己是值得被满足的这一信念。就像去餐馆，我觉得我自然可以点那道菜，即使今天没有，我也相信下次会有。

如此，你就可以收获更健康的关系和更强大的自己。

把我的脆弱交给你

1. 强迫自己坚强，就是一种脆弱

有的人没有脆弱的能力。

当他们遇到问题或者困难的时候，他们的第一反应永远是：积极思考，寻找方案，然后解决问题；或者抱怨、指责自己或他人为什么没有做好，幻想有人改正，然后解决问题。

这两种反应，都是在积极解决问题，一个是在找方法，一个是在找原因。虽然第一种听起来更乐观、健康，但其实这两种都一样：隔离了脆弱，用坚强来解决问题。

人在遇到困难的时候，会伴随着无助、挫败、孤独、迷茫等许多感觉，这时候最需要一个状态好的人来帮助和支持他。然而一个坚强的人，会略过自己这些脆弱的感受，直接寻找方法和原因。那这时候人的感受就是：我要自己解决问题，好绝望。你不要觉得指责别人的人在推卸责任，指责别人的人其实那一刻非常无助，他觉得对方不靠谱，烂摊子不得不自己来收拾。

要求自己坚强的人，内在有一个逻辑就是：问题必须得我自己来解决。听着就又孤独又累人。

这样的人其实从小到大都有人在给他不停地强化这样的观念：你要自己来解决问题；我不能帮你，因为我总不能一直帮你吧；没有人是靠得住的，你只能靠你自己。

这些道理看起来没什么问题，但是却被极端化地印到了一个人的潜意识里，即：我是不值得被帮助的，我的世界里只有自己。连爸爸妈妈都不会帮我，谁还会真正帮我呢？所以他们学会了只依赖自己，强行坚强。

他们学会了强迫自己坚强。可是**强迫自己坚强就是一种脆弱**，这种脆弱是：没有人愿意发自内心地帮我，所以我在我的世界里是孤单的，只有我一个人。脆弱对他们来说是不被允许的，因为那是没有用的。

2. 脆弱的我，是被爱的吗？

维护自己的好形象，也是在逃避脆弱。

有的人不允许自己表达孤单。在他们的世界里，孤单是不能被接受的，所以他们会拼命寻找各刺激、参加各种活动来填补这个空缺。他们宁愿到处交友、聚会、撩人来排解孤单，也不肯说出一句"我觉得好孤单"。你看这些风风火火的人，好像他们没有烦恼，实际上是因为他们从来不说出自己的烦恼。

有的人不允许自己表达自卑。他们介意别人说自己差，于是努力工作，精修朋友圈。他们下了许多工夫让自己看起来是那么的优秀，却没有能力说出一句"我觉得自己差劲极了，我特别不喜欢自己的某某地方"。

有的人不允许自己表达难过。他们明明介意和某人的关系，一旦不被理睬、被忽视的时候，就会很难过、很伤心，但他们说出来的却是：你想走就走呗，我无所谓；你怎么可以不回我消息，你这样是不对的！他们宁愿用无所谓和愤怒来自我防御，也说不出一句"我好难过"。

他们不想让别人知道自己此刻的脆弱、无助、伤心、在意，因为他们不相信脆弱的自己依然是被喜欢的、被接纳的。他们的经验只有：一旦我脆弱了，就意味着我比你低了，你就可以欺负我了，或者你就会不喜欢我、抛弃我了。

这样的人也在重复他早年遭受的创伤。那些在他生命中非常重要的人告诉他："你一定要坚强，你如果哭，我就不喜欢你了。"所以他就学会了一种价值观：哭、装可怜、脆弱是不对的，我不能那样。我一旦那样，就不会被人喜欢了，因此，我只能选择坚强和微笑。

3. 是脆弱，让人们在一起

暴露自己的脆弱是危险的。当你尝试向他人展示自己的脆弱时，感觉像是扒开自己的伤给别人看。结果可能会遭到别人的无视或者嘲笑，甚至被人利用，从而更受伤。但包裹自己并不是什么好事，会让自己又累又孤独。

那些总是把"我若不勇敢，谁替我坚强""你若不勇敢，懦弱给谁看"挂在嘴边的人，我想他们缺乏基本的亲密关系。一个拥有亲密恋人和朋友的人，是可以相信对方会接受自己的脆弱，并补充自己的缺失的。前提是，你有信任他人的能力。

伪装的结果是保护了自己，同时也孤立了自己。这正应了那句"每个人都有一个死角，自己走不出来，别人也闯不进去"。只是这个死角有多大，你就有多孤僻；有多小，你就能得到多少温暖。当你过度保护自己的时候，没人能走得进来，他们只看得到你优秀、独立、坚强的一面，他们欣赏你，却无法走进你。

人与人是通过脆弱建立连接的。一个从不脆弱的人，人们只会需要他，而很难走进他的心里。别人走进你心里的方式，就是触摸到你的脆弱，受到触动，从而想保护你，并跟你连接在一起。最真实的东西——有时候我们不得不承认——就是最脆弱的东西。像是果核里面的胚，外在的层层坚强里，包裹着一颗脆弱的心。

总有些软弱，让人们不愿意接纳自己。你可以做真实的自己，接纳自己的所有，允许自己坦承所有的感受，允许自己受伤和脆弱，而不是通过假装没有来忽视它。允许自己有缺点和不好，而不是去责备和苛求自己。

做真实的自己，虽然有时会悲伤，但最终会感到轻松和自由。因为你会发现，你也是一个有血有肉有情感的人，并不像你想得那么无坚不摧、那么完美。

然后你可以向他人展示自己的脆弱，去暴露你自己。暴露自己的脆弱可能是一件危险的事，同时也会是一件幸福的事。

4. 找到你愿意相信的人

一个健康的人，敢于向自己的家人、好友等信任的人暴露自己的脆弱，因为他知道，对方不会伤害自己，也不会因此而嫌弃自己。并且他相信，对面这个人可以给自己帮助和支持，这就是信任。这种感觉就像是：此刻，我把我交给你。但不是所有人都有这种信任感，早期没有建立良性信任关系的人，就会对父母有不信任，早年的时候连父母都不能靠得住，长大后还敢靠谁呢？于是他们对所有人都会保留三分。

我会邀请你放下你自己，允许你做自己。所有的脆弱和坚强、优秀和无能，都是你的一部分，这些共同组成了一个真实的你。这些都很好。如果你愿意将这些分享给自己信任的人，并信任越来越多的人，那么整个世界都会是你的。你有软弱，这并不代表你差，也不代表你会受伤。除非你继续评判自己，继续告诉自己这是不该的、那是不对的。

也许你会觉得身边的这个人不可信任。其实你可以采用这两种方法应对：

邀请对方接纳你的脆弱。对方不接纳你，有时候是他不知道你需要被接纳、被关怀。

扩大你的交际圈，找到一个可以跟你讨论你的脆弱的人。这个人也许在眼前，也许在远方。

但无论如何，只要你愿意，你都可以找到一个这样的人，跟他说：我把我的脆弱交给你，因为我愿意邀请你走进我。

我为什么
有时候不回你消息？

1. 不回消息是小事吗？

我有一个关系比较好的朋友，联系频繁的那种。我们认识三年多了，曾经有过一次非常严重的冲突，以至于她决定让我们友谊的小船侧翻。冲突的原因非常简单：她实在无法接受我随机回她消息。为此，作为两个"正常的心理工作者"，我们交换了彼此的意见。

某：我能接受你不及时回我消息，毕竟每个人都有忙的时候，我还不至于无理取闹。但是隔了两三天还是没回是怎么回事？难道你连个厕所都没上？如果你上厕所却还没回我，只能说明我不如上厕所重要，不如工作重要，不如 ABCD 重要，只能说明你一点都不在乎我……

丛：我不回微信的原因有很多种。忙别的去了，就忘了；想着一会儿回，然后就忘了；我正在想怎么回，没想出来，撂一边了；看书去了，手机在另一个角落懒得动，然后就忘了……原因有 100 个，不一定是你不重要啊，也不一定是我不在乎你啊。

某：呵，100 个借口。

丛：我不是不想回啊，我是能力有限，真回不了。

某：回个消息需要能力？

说完，我陷入了沉思，看起来回消息是个很简单的事，但这还真的需要能力。但该怎么解释回消息需要一种能力呢？

本着不能输的倔强，我进行陈述演讲：

这就像是在生活中，我无数次告诉自己：不要拖延，多大点事；不要犯某个小错误，多大点事。但还是会不能自已地犯。就像从小学到现在我屡屡提醒自己"不要粗心，多简单的题"，但还是会无法避免粗心。自责了 N 多回，毒誓也发了很多回，但还是屡战屡败。能力问题吗？态度问题吗？不重视吗？"只要你真心想起来，你一定起得来"——这是鸡汤学，有毒。还有减肥，你能说一个控制不住嘴、迈不开腿的人不是真心想减肥吗？体验过的人才知道。

有太多事看起来简单，但做起来就是有难度，你也不知道难度在哪里，但真的需要某种说不出来的能力。

某：……

这个道理虽然正确，但的确不合时宜，非常欠揍。幸好我们两个是学心理学的，能启动"非正常"心理模式，重新进行交流。我们表达了自己的疑惑，深入探讨了彼此的问题：她为什么会这么在意我回不回消息，认为这是个天大的事？而又究竟是什么强大的磁力吸住了我，让我连这么点"小事"都做不到呢？

2. 我对你是重要的吗？

讨论后，她说：

"我就是想要一种情感，叫作重视。我感觉到你不重视我，你让我看到了曾经的自己。我看到了自己作为家里'姥姥不疼、舅舅不爱'的老二，一直都不是重要的。我从来没有放弃努力成为家里最重要、最受宠爱的那个人，以至于在童年结束后的现在，我依然在同样的模式里自我重复。

"我也想成为你那里最重要的那个人，即使我是在和你的工作比，和你的其他朋友比。我一直努力在各种场合追求优秀，让别人在意我，就是为了让自己显得重要。同样，我希望自己在你心中也很重要。

"但我从小就没体验过我是重要的，其实我也很难相信我在别人眼中是重要的。所以你一再表达我对你来说很重要，我也能看到你做了很多，但我依然无法真正地去相信这一点。"

然后，她就哭了。对她来说，我不回她消息，激活了她早年不被重视的感觉。这是一种熟悉的不被重视感再次重现了。一个人如果内心觉得自己不够重要，他就需要反复确认自己是不是重要的，并且总能找到自己不够重要的证据，然后迁怒于对方。这其实就是把对早年照料者不重视他们的恨转移到了当下的人身上。

那一刻，我成了她理想中的妈妈。她在乎跟我的关系，所以想从我这里寻找被重视的感觉。

3. 不回消息，我是被允许的吗？

作为朋友而不是分析师，我也跟她谈起了我内心深处的感觉：每次回她消息我都很有压力、很烦躁。不想回，却不得不回。我说：

"有时候我真的不想回你消息。可能是不知道回什么，可能是觉得没必要回，可能是心烦不想回。很多可能的原因，但结果就是没有回。你不介意的时候，我觉得跟你相处是很愉悦的，因为意味着我在你面前是自由的。

"我也可以尝试做到必回，但这样我就会压力很大。一旦我感觉到你在期待我一定回的时候，我就觉得很烦。这种烦就是：我被强迫了，我不得不去照顾你的感受。

"这让我想到了我爸对我的强迫。大学的时候，我爸经常嫌弃我不接他电话。他经常说：打电话你不接，给你配个电话有什么用。那时候我很沮丧，因为手机是他买的，我无力反驳。每次都要及时接电话让我感觉到被强迫。我做不了什么，所以我只能把那种被强迫的反感压到潜意识里。如果你跟我爸做一样的事，这就会让我觉得压力很大。我想你也不希望我为了你这样委屈自己。

"所以如果我看到了却没回你消息，那是因为我在你面前感受到了自由，相信你会允许我做自己。这恰好说明，你对我重要。然而你却没有允许我不回你消息，这再一次让我感受到我一直都在被别人各种强迫着。这重复了我早年的模式，我把你当成了我爸。"

4. 两个创伤

我们两个人，因为不同的创伤被激活，而产生了矛盾。

看到了却不回消息，这激活了她不重要、不被在乎、被忽视的创伤。一个人如果早年有很多不被重视、不被在乎的经验，长大后就很怕这些，容易对此敏感。对她来说，因为她不相信自己对我来说是重要的，所以才期待我随时回消息，以证明她的重要。

但看到了就必须要回消息，这激活了我被强迫、被控制的创伤。一个人如果小时候被要求过多却无力拒绝，长大后就会很烦各种要求，他无法拒绝，但就是很烦。我觉得我们这么熟了，难道这点礼貌和客气都要保持吗？

一个在索取重要性，一个在索取自由。然而两人谁都不知道自己在干什么，所以产生了矛盾。

成年后，关系里的很多矛盾，其实都是因为两个人不了解彼此内心深处的伤，在根据自己的经验理解对方，才会对对方很生气、很失望。其实，彼此都没看到对方内心真实的那部分脆弱，只沉浸在自己的脆弱里索取着。

健康的状态是：我相信我对你来说是重要的，所以你不回我消息，我也不会怀疑和乱想。我相信自己是值得被你接纳的，即使我没有回你消息，你也可以允许我在这件事上做自己。

5. 一次真诚的沟通

比起讲道理，更重要的是在情感层面去表达。我说：

"我们一起经历了这么多事，互相安慰了这么多年，你还要再怀疑我们的关系，怀疑在我的世界里你是否是重要的，我都想抽你了。我两年不回你消息，你都不该对自己的重要性有一点点怀疑。"

然后她就笑了，找到了很多她能证明自己重要的证据。她说：

"虽然你不及时回复我消息，但其实很多消息我也是一时冲动发的，如果特别需要回复的，我会多说几遍。我觉得重要的、很需要回复的消息，你也都回我了。而且我情绪不好的时候，你总是能第一时间觉察。即使隔着电话，你依然能觉察到我的需要和情绪，所以我知道我对你来说很重要。"

后来，她还是喜欢发一串消息给我，我想回就回，不想回就不回。即使我不回她消息，她也相信，我看得到；我也相信，她不会再觉得被忽视。我觉得温暖，觉得被接纳了，所以当我回她消息的时候，我一定是轻松、自在和幸福的。对这段关系，我也倍加珍惜。

我也知道了，在她面前，我可以自由地做自己，不会再被责怪，不会被怀疑是否重视她。

最后，我猜有人问，这么聊得来为啥不在一起。我想说，呵。

你**没有**被随时看见，
但你**值得**被看见

1. 人需要被看见

有时候，我觉得自己没有朋友，没有人真正在意我。当我独处的时候，会觉得孤单，甚至会觉得我在这个世界上很多余。我觉得每个人都那么充实、快乐地活着，而自己却似乎被世界遗忘了，不被人记得。电话没有响起，社交软件没有嘀嘀声，关机三天，再开机发现——根本没有人来找。这是一种多么痛彻心扉的失落感。

当别人没有主动找我的时候，我会很失落；当别人没有看见我的时候，我会很失落；当别人不足够重视我的时候，我会很失落。

这种失落感在说：你并不被人们在意，你对于这个世界来说，并不重要。

当我去参加一个活动，或者去上某个课程，又或者到一个新单位的时候，我常常难以开口，不知道怎么跟身边的人开启话题。有时候我会告诉自己，该认识一下身边的这个陌生人，该多个朋友，该主动与人发生联系，但我不知道说什么，常常不知所措。所以我会独来独往，他们互相认识，我和我自己认识。即使是旅游、坐火车的时候也是如此，我基本不会主动去和外人说话，自己干自己的。他们可以玩得不亦乐乎，但其中肯定不会包括我。我总感觉自己格格不入，融入不了他们的欢乐。所以我宁愿躲在角落里默默待着，告诉自己：其实是我不愿意加入他们，以获得一点主动感。

以前，我会把这种行为定义为我太内向，但是后来却发现，其实虽然嘴上不说，内心是渴望别人主动跟我说话的。当有人主动跟我说话的时候，我会感到莫大的安慰。

我也怕那种主动找个伙伴去做某种练习，或者去拥抱每一个你喜欢的人的活动。我肯定会站在那里不动，等着被人选上或者剩下，我很难主动去找别人。我甚至会故意躲起来，并且给自己找个理由——是我不愿意玩，不愿意参加——以让自己感觉舒服点，而不是觉得自己被别人忽视了。

有时候我觉得，自己根本就不知道该怎么交朋友，所以我几乎没有朋友，所以我常常不被人想起。

另一方面，我又拼命地通过各种炫耀、嘚瑟、闹腾来刷存在感，通过在通讯录里添加几千个人来营造自己被关注的假象。

被关注、被看到、被需要、被喜欢，真的是一件非常美妙的事情。

总之，我希望可以这样：当我到一个环境里，别人主动找我说话；当我一个人待着的时候，别人可以想起我并联系我；当我跟某人说话的时候，他可以及时回复我；当我打电话的时候，对方可以即刻接听。

然而我总是失败，因为我总是被遗忘。在群体中，我总不是他们的中心点，只能在角落里安静地做个丑小鸭。

后来，我们做过很多练习，很多人对着一个人说"我看到你了"，被这么说的人会泪如雨下。我感动于人性的脆弱，原来我们内心都有

着这么多被人看到的需求。原来我们这么需要在别人面前证明自己的
存在。

实际上，我们真的没有得到过关注吗？显然不是。当我有困难的
时候，只要发出呼喊，总会有人来支援；当我想聊天的时候，只要弹
起小窗，总有人陪伴；在群体中，当我主动去和别人说话的时候，总
是不会被拒绝，并能得到热情的回应。

那我们为什么依然这么需要被别人看到？为什么要被人看到才会
觉得自己是存在的？为什么要在存在上都这么依赖别人？为什么会需
要别人"主动"看到我们，甚至要通过各种炫耀嘚瑟来刷存在感，证
明自己是值得被看到的呢？

2. 被看见，即安全

婴幼儿对父母是极度依恋的，因为他们需要被父母看到，才觉得
安全。他们也只有看到父母，才觉得踏实。所以小孩在最初期，他可
以自己玩，但是一定要爸妈在身边。爸妈一旦超出了他们的视线，他
们就会又哭又闹无法继续玩。这就是我们最初的存在感。

再后来，小孩长大些了，他相信爸妈一直在身边。有时候他玩起
来，就会不想让爸妈看到，会推开爸妈，但是他内心里相信爸妈会一
直在身边。也就是他建立了一个信念：当我想自己玩的时候我就自己
玩，当我需要爸妈的时候，只要一喊，爸妈就会过来。所以小孩子有
时候会不断地喊"爸爸妈妈"来刷存在感，以向自己证明，他们是存
在的。于是安全型依恋就建立起来了。

习得安全型依恋的小孩会有这样的特征：不需要爸妈的实际在

场，只要在心里相信爸妈一直在，他就可以很安心地独自玩耍。他相信，自己一旦遇到危险，爸妈一定会出现来保护自己。他也可以看着爸妈去做自己的事，甚至离开一段时间，因为他相信爸妈始终会回来。

但我们很多人都没有这么幸运。当小孩感受到危险的时候，当小孩需要爸妈的时候，爸妈常常都不在。甚至有很多带孩子的爸妈，因为工作要出门，孩子不舍得，他们就趁孩子睡着的时候偷偷离开，或者看着孩子大哭却不得不忙自己的事。这对小孩来说创伤就极大了：一旦爸妈离开了我的视线，就可能再也没有了。所以他有着这样的信念：爸妈只有随时在我的视线范围内才安全，一旦他们离开我的视线，可能就再也没有了。他对爸妈并没有建立起安全的信任和依赖。这也就是不安全型依恋。

小时候没有得到过的心理满足，我们是要穷尽一生来填补的。

长大后，我们身边的人和社会，就成了爸妈的象征。我们渴望从别人那里得到以前没有得到的东西。比如说，存在感。

当别人没有关注我们的时候，当别人在做自己的事情、过自己的生活的时候，我们在那一刻感受不到自己是重要的，感受不到自己是被关注的，就会觉得自己不值得被爱、不重要，就会感到很失落。只有他们主动关心我们、主动找我们、主动跟我们聊天、主动给我们点赞时，我们才感到自己是被关注的。而这，就是不安全型依恋的小孩——只有当爸妈主动关心自己、在自己视线范围之内的时候，才觉得自己是被关爱的。一旦爸妈离开，他们就似乎永远消失了一样。

他人此刻没有关注我们，并不意味着一直不关注我们。因为当我们需要被关注并表达出来的时候，就能得到关注，也能得到热切的回应。即使他们没来得及热切地回应我们，至少会在心里重视我们。只是他们不是我们的爸妈，他们有自己的生活，不能把我们当作世界的中心，随时给我们关注。

而这一点，甚至连爸妈都不能做到。

3. 当你呼唤，你就会被回应

当我们长大后，我们也可以去理解爸妈。爸妈除了孩子外，还有生活、工作以及他们自己的世界。他们很重视孩子，但却不能把百分百的注意力都给到孩子。他们有自己的悲伤、无奈、无能为力，有着一个普通人具有的一切局限。他们努力关注我们，但却总会失手。他们没有接受过依恋理论的学习，没有掌握婴幼儿的心理规律，他们不是育儿专家，不知道自己做什么会给孩子带来哪些伤害。

所以，我们注定经常感受不到存在感，经常会被忽视，经常会觉得自己不重要。

但爸妈的这些忽视并不意味着他们不重视我们。他们也有着自己的生活、局限和悲哀，他们也有着自己内心里那个小孩的渴望，甚至他们也很需要我们点赞和主动关注，也需要我们这些成年人来看到他心里的小孩。

即使你安静地坐在角落里，没有人看到、没有人点赞、没有电话响起、没有人主动关心、没有人秒回信息，你都依然是值得被看到的。你是成年人，不再是那个随时需要爸妈看到的婴儿了。你和他人平等地拥有自己的生活。但是当你真有现实需求时，也会得到别人的帮助。这，就是爱，就是看见。当你拿起电话拨通朋友的号码去问：你记得我吗？你会想起我吗？我对你来说重要吗？我会被你忽视吗？

你会得到一个个让你踏实的答案。

你不需要秒回，你不需要 32 个赞，你不需要别人主动跟你说话，你不需要别人主动关心你。这些需要都源自你对于"被看见"的匮乏，是幻觉。你本来就很重要，所以值得被看到。你只是没有被随时关注，但这并不意味着你不值得被关注。

因为你已经不是小 baby，不需要随时被看到。

何况，对很多人——虽然不是所有人——来说，你本身就很重要，比如说你的父母、挚友、恋人、你能帮助到的人等等，对他们来说，你很重要。

因此，不要去问一堆"当我有困难，谁会第一时间挂念我"之类无聊的问题，这些都充分说明，你需要一个妈妈随时注意到你。

问题是，在等待被人看到的时候，你看到自己了吗？

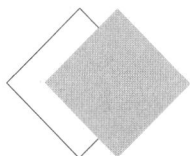

第四辑

拥有爱别人的能力

1. 如何走进一个人的内心

如果你问我，有什么办法可以让一个人从内心深处被感动，我会觉得是爱他所不能爱的自己。**我们能给一个人最深的爱，我们与一个人建立真诚联结的方式，就是爱他所不能爱的自己。**

一个姑娘曾经问我，如何挽回一个男人的心。我问她：他有哪些你不能接纳的部分？

姑娘说，他各方面都很优秀，独立、坚强、事业成功。我就问她：那他依赖、脆弱、不成功的部分哪去了？姑娘愕然。

一个人不可能只有好，没有不好。一个人如果看起来只有好，那只有一种可能，他把不好的那部分藏起来了，不让你看到，甚至会藏得不让自己看到。

在这个男人的经验里：独立、坚强、优秀才是被人爱的。他太想被爱，所以那些不好的方面，必须要藏起来。他的经验告诉他，这部分是不被爱、不被欢迎、不被允许的，所以他要藏好。于是他可能会用强迫自己的方式藏起来这部分自我，只坚信着：人不能脆弱，人不能依赖，人不能平庸。

可是这部分是每个人都有的，不可能改掉，只可能压抑。它们只能偷偷露出，或者在梦里，或者在某个瞬间，或者在一个人的角落。流露的那些时刻都在默默问：这个世界上，是否有个人真的爱我？

这样坚强的人多少有些爱无能，不懂爱。

他可以对你很好，因为他有责任感，懂得该怎么满足你、宠着你、让你依赖。你也欣赏他、赞美他、爱他。他觉得这就很好，因为他的努力都得到了有效的回应。但是他没有办法把自己交给你，没有办法在你面前呈现自己的脆弱。于是你看不到，便以为他没有。

他不知道、也不会去想：你爱的到底是我的坚强和优秀，还是我本身？如果你爱的是我本身，那我脆弱、依赖的部分，也是被你爱的吗？他会觉得：不，一定不会的。那部分，我自己都不爱。你也一定跟我一样，嫌弃那部分。因为你从来没爱过我那部分，所以你肯定也是嫌弃它的。

脆弱、依赖、平庸的那部分不被你爱，你就无法走进他的心。

而那部分，他不愿意呈现给你，但是你发现了，仍去爱他，他会非常感动。就是：我爱坚强的你，也爱脆弱的你；我爱成功的你，也爱平凡的你；我爱独立的你，也爱依赖的你。当你脆弱、依赖、无助的时候，我依然跟你在一起，不仅不评判你，说你这样不好，反而发现这样的你别有风味，非常可爱，是另外一种美。

那么他将透过你的眼睛发现：我是值得被爱的。

2. 你爱哪个我？

也有一个同学在课上问过我类似的问题：如何让男友别那么忙着工作，更爱我？我问她：如果他没有钱了，破产了，你愿意养他一辈子吗?

她说:我男友也问我这个问题。我觉得两三年还行,时间长了谁愿意呀,他一个大男人凭什么要我一直养啊。

对这个同学来说,她只爱有钱的男朋友,不爱没钱的男朋友。只爱不忙的男朋友,不爱忙的男朋友。男朋友也许未必真的要她养一辈子,但是这种态度却是让人寒从心底来。我跟姑娘说:在这样的态度下,他当然不敢把你放得比事业重要,因为事业比你靠谱多了。

我们大多数人潜意识中都有这样的担忧:如果我不好了,你还爱我吗?如果我不相信我不好了你依然爱我,我就不敢把我交给你。

"我爱你有钱的样子。""你哪天没有钱我也会很爱你。"这两种爱是不一样的。前者,是你爱所有人都爱的他,是他也爱的自己;后者,是你爱他所不能爱的自己。

有人说,我爱他的全部啊。不管有钱、没钱,他的优点、缺点,我都是爱的。那么,他知道吗?

这不是靠语言表达出来的,而是当他失意沮丧的时候、怀疑自己的时候、自我厌恶和自责的时候,你是否看到,并且接纳他的这部分:即使你没做好,我也会一直在你身边爱着你。

我有这样一个朋友:他好心建议一个姑娘怎样祛除痘痘,怎样减肥,怎样改变自己的生活习惯,却遭到了姑娘的冷遇。他很不解。

大多数时候,我们向另外一个人诉说自己的某些缺点或缺陷时,都会有个隐藏的疑问:这样糟糕的我是值得被爱的吗?这时候你的建议却告诉他:这样的你是不会被爱的。你只有变得瘦起来、美起来,才会被爱。你不改变,当下的你就会被别人讨厌。

从本质上来说,这种建议就是对别人的一种否定。给人建议,得是在对方主动发出信号并且真诚地需要你的建议的时候，才是好的。
你可以试试这三句话：

"虽然你长得胖，又有痘痘，但是你很漂亮，也很有气质呀。"

"你可以通过运动、见营养师，来减肥祛痘呀。"

"我喜欢有痘痘的你，这样的你看起来可爱。我也喜欢没痘痘的
你，那样的你看起来是另外一种可爱。我喜欢你，和你有关，和痘痘
无关。"

如果是你，你会更愿意对说哪句话的人敞开自己？

如果你能爱她不能爱的自己，不是去发现她的其他优点，而是去
爱她长痘的脸或胖胖的身材，你能让她感受到即使她有痘痘也是被喜
欢的，胖一点也是被喜欢的。那么她将通过你的眼睛看到：即使这样
的我，也是可爱的，是值得被爱的。

这样一种值得被爱的自信，是一种正能量。而这种能量又会通过
她的眼睛散发出来传递给更多人。**一个自信、充满爱的人，要比美和
瘦更加容易获得好的关系和幸福感。**

3. 我爱你的三种境界

我们活在这个世界上，不断被别人评判着，更重要的是，我们也
不断评判着自己。我们内心住着一个大法官，一住几十年。它不断告
诉我们，什么是好的，什么是不好的；哪些品质是会被人爱的，哪些
是不会被人爱的。

我们努力隐藏自己，改变自己，因为我们不相信原本的自己是值
得被别人爱的。别人也许真的不爱这个"糟糕"的我，但我们之所以

放弃了爱自己，其实是因为我们自己也不爱原本的自己。

我们不爱懒惰的自己，不爱长痘痘的自己，不爱拖延的自己，不爱不上进的自己，不爱软弱的自己——于是就把这种心理投射出来，认为别人跟我们一样，都不爱这样的自己。

但假如我们开始爱原本的自己，发现懒惰是一种享受，拖延是一种不刻板的自由，不上进是一种淡定的生活状态，软弱是一种可爱，它们就不再是我们的缺点，而是我们独一无二的特点。那么我们将允许自己懒惰、拖延、软弱，如果一辈子都如此，我们将为自己感到骄傲。

一个允许自己偶尔不工作，拿出时间来陪恋人、打游戏的人，他可能会被一些人说懒惰，但只要他喜欢自己，还是会遇到喜欢这样的他的人。一个敢于在人前哭泣、表达自己的无助的人，有人会看不惯他的脆弱，但是他也会遇到爱这样的他的人。

你愿意相信每一种样子的你都会有人爱吗？

我爱你，有三个境界：

①我爱你的优点，讨厌你的缺点。你的优秀、美丽、独立、坚强，都让我由衷地欣赏，让我感觉你很棒。你的冷漠、自私、贫穷，让我觉得讨厌。跟你在一起，我觉得纠结。我内心很是矛盾，到底你的缺点更重还是优点更重，我是该跟你在一起还是离开你？

②我爱你的优点，能接受你的缺点。你学历低、脾气差、不爱干净，我同意这是你的缺点，是你的短板，但我并不在乎，我是能接受的。因为你有其他优点，所以我愿意靠近你。这些优点其实很多人都爱，所以你也不会太在意我的爱。

③我爱你，在我的眼里，你浑身都是优点。透过我的眼睛，你发现你所谓的缺点都是你闪光的优点。透过我的眼睛，你发现了独一无

二的你。透过我的眼睛，你开始接纳自己，开始欣赏一直被你嫌弃的自己。我爱你，借助我的眼睛，你成为你自己。然后你爱上了自己，也会爱上发现了你的我。

我们每个人都是独一无二的存在。所有的特点都让我们更加独一无二。

一道光，放到光亮的地方，显得有些多余，但是放到黑暗的地方，它将意义非凡。我爱你，绝不只是欣赏你的优点或接纳你的缺点；而是爱你所认为的自己的短板，爱你所不能爱的自己。

我爱大家都爱的你，也爱大家都不爱的你；我爱你所为之骄傲的自己，也爱你所不爱的自己。

为什么有时候
难以赞美别人？

1. 赞美别人很重要，但很难

有的人善于表达批评和否定，却难以表达肯定和赞赏。他们对于赞美运用得过于羞涩，总是再三斟酌其言，难以直截了当地表达；而对于批评却用得炉火纯青、张口即来，大有劈头盖脸之势，其娴熟程度让人瞠目结舌。他甚至会说：我也想赞美啊，可是对方没有什么优点啊。

他们在对一个人表达赞美之前，通常需要花点力气去搜索自己的词汇；即使找到了词汇也需要花点力气下决心去表达；即使决定了去表达，也需要一个大的推动力才能张开嘴发出声音；即使发出了声音，表达又常常词不达意。

我的很多访客也曾向我抱怨过：他们的伴侣总是批评、责怪他们，从来都看不到他们好的一面，他们为此很是苦恼。然后我就会问：那你有看到对方好的一面吗？他们会很自然地说，有啊。这时候我就会问：那你有向他表达过你的赞美吗？

我收到的很多答案都是"没有"或"很少"。那些回答"有"的人，我就会再让他们详细描述一下是怎么赞扬别人的，然后我发现，他们赞扬得很"努力"，要有意识地调整自己的语言才能说出"你好棒""你真厉害"之类的话。感觉像是在哄小朋友。我也会让他们回忆伴侣做得好的地方，他们会用"让我想想"之类的开头，需要一定的反应时间才能想起。但是当他们回忆对方做得不好的地方时，却如数家珍、信手拈来。

很多时候，是我们不愿意发现家人的好。而对身边人，虽然我们能发现别人的好，可我们更多的是羡慕，有时候还会嫉妒、恨。我们的内心活动经常是：我也想和你一样，拥有这些好，不过我不太想告诉你，所以不会赞美你。

赞美别人是一种智慧。在伴侣关系中，一句真心的赞美，可以让很大的冲突瞬间化为和谐和甜蜜。在同事或朋友关系中，一句真心的赞美，可以迅速拉近彼此的关系。经常赞美别人的人，自己也会拥有良好的关系，能得到更多人的帮助。

但，对有的人来说就是：批评的时候非常容易，赞美的时候却要非常努力。

2. 批评是一种索取，赞美是一种付出

为什么我们不愿意发现别人的好，或者不愿意对他们本人表达呢？原因之一就是：那一刻，我们没有能量付出了。

我们对于一个人的批评，实际上是在说：你现在做得不够好，你应该做得更好。而好不好是我的感受说了算的，你做得让我舒服了才叫好。因此，我们批评一个人是希望对方做些什么来让我舒服点。

批评，就是一种情感索取。

直接的索取会让人有羞耻感，会让我们觉得自己很自私，那我们就需要用各种道理来伪装，用对错来衡量，来让我们感觉自己并没有那么邪恶。但这时候你会发现，一切的道理，都是围绕着为自己争取利益服务的，都可以随着自己的得失而随时改变标准。

想要批评一个人，你会有一万个理由来为自己的情绪辩解。因为这些理由和情绪的目的，都只是为了向他人索取，为了照顾自己的感受。

赞美则在说：你现在做得很好，你表现得很好，你特别好。当一个人收到赞美的时候，他的心情是愉悦的。所以当我们去赞美别人的时候，其实也是在说：我想做点什么，让你心情愉悦。

因此，赞美是一种付出。

有的人觉得赞美别人很假。的确，如果你并不觉得他人好而强说好，为了赞美而赞美，就会显得世故、虚伪、做作，让人难受。真正的赞美应该是这样的：我发自内心地欣赏你的美，由衷地把它说了出来。我能发现你做得好的地方，并且愿意表达给你。我欣赏你，而不是觉得那理所当然。也许你不完美，但这并不影响你某些地方真的很好。

一个内在匮乏的人、生命能量低的人，他只能花很大力气来索取，不愿意多花精力去付出，这是他潜意识的自我保护本能。所以，如果你觉得自己习惯批评、不习惯赞美，这说明你内在的生命能量是匮乏的。你需要做些什么，让自己感受好一些，而不是再强迫自己去赞美别人，进一步消耗自己。

3. 我不开心，也不想让你开心

为什么我们不愿意发现别人的好，或者不愿意对他们本人表达呢？第二个原因就是：我们自身能量匮乏的时候，是不希望对方开心的。

我们通常以为，是对方做得不够好我们才会去批评，这只是一个表面现象。在潜意识深处，我们想批评的是一个人没有忏悔之心。比一个人错了更让我们生气的是：他做错了，他不好他还不自责，他还一副无所谓、自我感觉良好的样子。我们想批评的，其实是一个人愉悦的心情，尤其是做错事、有缺点的时候还愉悦的样子。即使对方没做错什么，在日常生活中我们看到另外一个人得意的样子时，也会忍不住要打击一下。

所以批评的本质，其实是我不希望你得意，不希望你轻易放过自己，不希望看你对自己那么好，不希望看你自我接纳、自我允许的样子。

而赞美会让一个人本来愉悦的心情更愉悦。这实在太难受了。在这种情况下我们很难再去赞美。

那为什么我们会看不得一个人心情变愉悦呢？因为我们正在为自己的缺点自责着呢，正在对自己不满意呢，我沉浸在自我批评里，你居然对自己那么满意？这时候我就感觉不到跟你的连接了，我会觉得你跟我不在一个世界里。我很恐慌，所以我要打击你、批评你，让你也变得自责起来，也变得和我一样消沉起来，这样，我们的感受就一致了。我想和你连接，想与你在一起。

批评就是在说：我需要你。而赞美却是：你跟我不一样。

4. 评判你的不好，我才是好的

为什么我们不愿意发现别人的好，或者不愿意对他们本人表达赞美呢？原因三就是：我希望感受到自己是好的。

我们潜意识里无法确认自己是好的，所以一定要通过跟对方比较才能感受到我是好的。我们有着婴儿一样的幻想：只要我不说你好，你就不是真的好；只要我不去发现你的好，你就不是真的好。反之，我还要找到你不好的地方并大声地告诉你。

表面上看起来，对方是真的不好：长得不够漂亮，脑子不够聪明，着装不够得体，工作不够出色，学识不够丰富，态度不够认真……但每个人都有好与不好，潜意识为什么对对方不好的兴趣大于对方的好呢？为什么更愿意表达对方的不好，而不愿意表达好呢？

因为我要赋予自己这样一个资格：我有资格评判你。

当我在评判你的时候，我能获得一点优越感。我找出我比你好的地方来表达，我就能在这个时刻感受到我是比你好的。我不会在比你差的领域里评判你，我只会在比你好的方面评判你。

借助于发现你的不好，可以显示出我的好。

所以我们责怪一个人不好，表面上是因为我们觉得他不够好，其实在更深层的心理世界里，我们这么做很多时候只是为了凸显自己。潜意识里，我们关注自己比关注别人要多得多。

5. 什么时候能夸别人好

有时候，我们是有能力赞美另外一个人的好的。有三种情况：

①这个人比我差太多。我在他面前，已经获得了很强的满足感，我在他面前的存在感已经被充分认可，不需要任何其他形式的证明了。所以我敢于鼓励他，敢于表达他的好。比如，老师对学生，因为老师本来就比学生能力强，所以老师敢于发现学生的好。但是老师和老师之间却较难由衷地表达对方很好，最多能客气地说你不错，这只是为了凸显自己的修养。

②这个人比我强太多。在他面前，能和他产生关系本身就给我满足感。比如对某大牛，赞美他不会让我感觉到我很差，反而会让我感觉很好。我愿意在他面前臣服，这不会让我感觉到自尊水平受损。

③我不介意比他差。我可以夸别人钢琴八级很厉害，可以夸别人穿衣服很好看，可以夸别人长得真高。只要他很优秀的部分，我是无所谓的，我比他差我并不介意。这时候我也可以夸出来。

这三种情况都有一个共同点：你的好，并不影响我的好。我不会因为你好，影响到我的价值感，所以我就能夸出来了。

相反，如果我们难以赞美别人，我们的潜意识里一定发生了这样一件事：他跟我水平相当，或者比我好一点，而且我很介意这件事。我不想承认自己某个地方不如对方。因为在他面前，我无法确认自己是好的。

这是潜意识里的想法，并不是意识里的。有的妈妈不肯赞美孩子，也是因为妈妈潜意识里认为自己和孩子一个水平，要跟孩子斗智斗勇，取得胜利才能感觉到自己的价值。伴侣之间、同事之间无法相互赞美，也是如此。

6. 当你觉得赞美很假

有的人会以"赞美别人看起来很假"为理由，合理地说服自己不去赞美别人。当你没有发现美却强行赞美的时候，的确很假。当你为了让别人开心而去赞美的时候，也会很假。真正的赞美，是发现美后的由衷欣赏。世界上并不缺少美，只是缺少发现美的眼睛。你可以通过这两种方式让赞美变得真诚：

①看到一个人好的一面，选择性地表达赞美。这也是半杯水理论：这里有半杯水，你看到的是空的部分呢，还是有水的部分呢？

②从不同的视角去表达赞美。世界上没有绝对的好坏之分，只有视角不同。不同视角下，会看到不同的好与坏。好坏也因为视角不同，而有了不同的定义。从大众的角度看，××行为和××表现的确是不好的，但是就没有从别的视角看到的好的部分吗？

比如说，懒惰不好吗？有时候，懒惰是爱自己的表现。发脾气不好吗？发脾气运用得当，就是一种敢于发出自己声音的行为。人胖就不美吗？搭上合适的衣服，也会显得很有气质。怎么？你说没有气质？那可能是你的审美出了问题。你说大家都觉得没有气质？用"大家都"来证明主流观点才是对的，那你就到了大众视角。你不可以拥有独特的审美吗？毕加索的画到底是好看还是不好看，除了大众视角，你还可以有来自个人视角的判断。

世界上并没有绝对的坏或丑，它们多半是被看错了角度的好或美。

7. 无法赞美别人就是无法赞美自己

无法赞美别人，本质上就是无法赞美自己。我无法发现自己的好，对自己充满了攻击、批评，经常认为自己不好。我不知道该怎么去悦纳自己，我对自己的要求很高。所以赞美对我来说太陌生，我只会用我熟悉的方式，即我对待自己的方式对你：发现你的不好。

所以如果我对你不够宽容、不够欣赏，对你有过多的挑剔、责怪，那一定是因为我对自己也是这样的。这不是你的错。

这是因为我太爱你，才把你当成了自己。我不想我们之间有界限，我就把你当成了我。

因此，想要真正拥有赞美别人的能力，最有效的方法就是先赞美自己。允许自己心情变好，允许自己原谅自己，允许自己不做改变，允许自己有缺点，积极地表达对自己的欣赏，让自己有飘的感觉、傲娇的感觉、膨胀的感觉。当你发现自己哪里都好的时候，你就可以发现别人的好了。当你允许自己心情好的时候，你才能允许别人心情好。

很多妈妈学习过赏识教育，觉得应该表扬孩子。很多人学了关系学，觉得赞美是非常重要的能力。实际上，"我应该赞美你"并不能让人拥有这种能力，自我赞美才能。

一个肯赞美自己的人，才有可能真正赞美别人。

没做错，也可以道歉

1. "你错了" = 我想靠近你

人际关系的矛盾，说穿了就一句话：你做错了，却还不承认、不道歉、不悔改，这真的让我很生气。典型的对话就是：

甲："你怎么可以……"

乙："我不是……"

甲："你就是……"

乙："我没有……"

有时候你真的错了，但嘴巴硬，不愿意承认。有时候则是单纯地被误会、被冤枉，然后你就会辩解、愤怒，甚至离开。

于是生气的人越来越生气：这个人明明是这样的，还不敢承认，气死我了。解释的人也越解释越无奈：你怎么可以如此不讲理，如此野蛮，如此冤枉、诬蔑我。

在我们的课上，就曾出现过这样一个故事：两个好朋友，A 指责 B 很自私、很自恋。然后 B 说"我没有"，并尝试解释，解释无效后 B 就默默离开了。然后，关系卒。

让我们感受一下这两个人的心理动机：

A 同学说这话的时候，实际上是想靠近 B 的。A 觉得，B 做了某些看起来自私自恋的事情，阻碍了 A 靠近 B，所以 A 很着急，想用强迫的方式要求 B 改变，然后就可以走近 B 了。

但 B 同学体验到的是被否定、被抛弃，所以要使劲解释，想让 A 看清真实的自己，以为这样就可以跟 A 继续保持深度的关系。所以，B 说"我没有"也是为了能跟 A 继续保持关系。

两个人明明都想靠近彼此，却成了相互伤害，最终不欢而散。

从 A 的角度看，他需要更好地学习一致性表达。在这个案例中，问题出在了**人太习惯用否定的方式表达需求，对方却只能看到伤害而看不到需求。**当我们对一个人说"你错了""你不应该"的时候，其实是在表达"我想靠近你"，但对方却觉得被推开，很生气。

在这篇文章里，我想从 B 的角度讨论一下，怎样可以让关系更和谐。

2. 你是一个会道歉的人吗？

当一个人误会你、批评你的时候，你可以真诚地说声"是的，对不起"。当你这样表达的时候，会怎样呢？

对方会感受到舒服、放松。因为无论你说的是不是真的或对的，他感受到的是被回应而不是被拒绝，他感觉到跟你连接在一起而不是被你推开了。因此，你们的关系会被迅速打开，无关于表达的对错、层次的高低，而是两个人连接在了一起。

认错是一种跟对方连接的方式。当我无法改变你的频道，我可以调节我的频道跟你对接。而辩解，则是在要求对方跟自己同频，这让对方体验到被推开。

你要区分的第一件事是：**并不是真的错了才要道歉。**

记得电影《叶问3》开始的时候，叶问让儿子先给人鞠躬道歉，尽显大师风范。对于上面的B同学来说，一句"是的，对不起，我自私了"，会让两个人有继续沟通的可能。

我认错和我真的错了是两回事。不是因为我真的错了，而是我这么说会让你好受点，让你开心。看到你开心，我会更开心。那些哄女孩子开心的男朋友们，他们真的是认为自己错了而去说"对不起"吗？他们更多时候只是为了让对方开心。

我认错是我为了某个目的而选择性讨好，是一种灵活的策略，而不是为一场战争的失败负责。选择性讨好并非降低自尊的无奈之举。明明是领导错了，我却选择来主动承担责任，来背黑锅，这不是我傻，而是我愿意使用这个策略。领导今天心情不好，找个茬就会数落我一顿。我认错，是为了给领导一个宣泄口，并非我真的错了。因为你好受了，我的日子才好过点。你不好受，最终遭殃的还是我。我认错，只是因为你在一定程度上决定着我的命运，而无关于这件事的对错。

你要区分的第二件事是：我认错，和下次我会不会改是两回事。

有时候对方需要的只是一个态度、一个台阶，无关于下次。如果你有个规条是"承认了错误就必须改""做错了是不好的""人不应该做错事"，那你的人生就被固定在了一个小圈里，只有一种可能性。你需要看看自己为什么要这么固执。即使你真的错了，下次也都可能再犯，何况你其实没有错呢？

我认错，我做错了，下次我要改，这是三件事。我们可以把三者关联起来，也可以不关联。如果你局限在自己的逻辑里，你的生活就会刻板僵化，让自己和他人都痛苦。成熟的过程，则是学会灵活应对的过程，我可以根据情境选择使用不同的规则。有的人只是形式上认错，心里却不觉得自己错了，比如说圆滑的人，虽然常被你看不惯，虽然没你清高，但他们就是活得比你潇洒。人家照顾好大局利益就好了，不需要照顾某个人。

如果你在关系中强势、盛气凌人、自以为掌握真理，你会很爽，对方却不爽了。那你能得到什么呢？你掌握了真理，却失去了关系。

如果一句"对不起"或"是的"，可以换来沟通的可能性，可以换来和谐，你愿意说出来吗？你想要的是什么呢？是你对、你赢了，还是对方的开心和更加和谐的关系呢？

如果你有能力，可以通过解释、逻辑论证、强迫等方式来改变对方，以争取更多好处，但是当对方不可改变或难以改变的时候，你就要调整自己的状态来适应你们的关系了。就像水，大象无形，能随时调整方向，所以能奔向大海，被老子认为是最厉害的东西。

婴儿会要求世界改变来适应他，让他自己觉得舒服。成年人却只能适度调整自己，适应世界，以让自己获得真正想要的结果。

有的人可能怕认错会使对方变本加厉。是的，有时候当你承认错误，对方会进攻得更猛烈。就像母亲一旦把乳头伸向饥饿的婴儿，他的确会狂吸一会儿。因为他渴望了这么久，一旦得到了，当然要多享受些时间。那不是对你的攻击，而是对你的满意，以及想要更多一点的满足感。你可以选择继续承受或选择适可而止，这根据你的需求和情境决定。

3. 道歉难在哪里？

但我们真的很难在明知道对方错了的时候，还要说软话；明知道对方在误会、冤枉自己，还要承认他是对的。

因为我们心里有很多圣旨一般的规条限制了我们的人生，要打破这些你坚守了半生的规条，会让你丧失存在感，所以你可能会对其严格遵守。这样的规条可能是：

人不应该误解他人，应该就事论事。

人不应该无理取闹，应该好好说话。

人不应该打破规则，应该遵守公众的规则。

人不应该情绪化，应该客观、和气。

人不应该按照错的标准做事，应该按照对的标准做事。

人不应该……而应该……

当你有这些规条束缚的时候，你的人生就陷入了单一化。这些规条没有好坏对错，都是一种人生价值观。你可以选择适度坚持，还可以选择不顾一切地坚持。为了坚守自己的规条而头破血流、关系断裂，甚至牺牲一切，那叫信仰。但你同时也要知道：

你可以为了关系而选择灵活，不必如坚守信仰般坚守自己的规条。

也就是：

人是可以误解他人的。他误解我，是他能力有限，并不影响他爱我。他的确做不到火眼金睛，我也不想对他有这么高的要求。

人是可以情绪化的。人可以选择让自己舒服、真实的方式表达，而非一定要客观理性、实事求是。

人可以选择无理取闹。在自己感觉安全的人面前，可以自由自在、尽情表达。

对这两种面对规条的不同态度，你会有什么样的不同感受呢？

4. 做事情和沟通的三个标准

当我们做一件事或跟一个人沟通的时候，我们有三个标准和方向：

把事情做对。

让自己开心和舒服。

让他人开心和舒服。

这三者有时候可兼得，有时候只能得到其二，有时候则只能得到其一。因此你要清楚，你最想要的是什么。

如果你坚持按对的标准去说、去做，就会有意无意拿对的标准要求自己、要求他人，然后让两个人都不怎么舒服。我见过一个极端的例子：一个超理智的妈妈认为"答应了就要去做"是一件正确的事，所以她在答应 8 岁的儿子周日去公园玩后，虽然周日下起了倾盆大雨，但她还是带着儿子去公园玩了，最后因为下大雨，什么也没玩成，白折腾了一趟。在这件事上，虽然做对了，但两个人都不舒服。

如果你在受委屈的时候发了一顿火，或因不想面对而选择离开，你会很爽很舒服，但却做了一件让对方受伤的、也未必对的事。比如，如果你认为"情绪化是错的"，那么你发火的时候就做了一件让自己很爽但却是错的、让对方不舒服的事。所以你可以选择辩解或发火，只要你清楚你的目的就是为了让自己爽就好。

但如果你选择让关系更和谐，就要适度用一用"选择性讨好"，去做可以让对方舒服，却可能会给自己带来些许不舒服，以及可能会违反你关于"对"的标准的事。

人生可以有对错，也可以没有对错，但最终都只是选择问题。知道自己要什么，然后选择一条最适合的路就好了。

5. 从三个标准里选一个

也许你以前只有"非对即错"这一套标准，万事皆按对的标准来做，这样会让你感到熟悉和安全。但是现在，你可以选择成长，选择看到更多的选项：

你可以按照让对方舒服和开心的方式去做，管它对错，为结果服务就好。你可以按照让自己舒服和开心的方式去做，管它对错，伤害了关系又怎样。你也可以在这之间做一个平衡和排序，按照你想要的结果适度调整。

准备好了承担结果，就可以去选择；没有准备好也可以去选择，反正还是你承担结果。

如何走进别人心里，

安慰他人

1. 讲道理的安慰是一种暴力

不知道你有没有过这样的体验：你想向一个人敞开自己、说说心里话，却不知道从何说起，更不知道该对谁诉说。有时候你对亲近的人（好朋友、伴侣之类）诉说自己内心的那些不快乐、悲伤、难过，却得不到相应的安慰与满足，对方回应得很有道理，但自己心里却会升起一种莫名的落寞感和距离感。其实本来确实没多大的事，你都知道该怎么做，你也知道对方很关心你，但那一刻你就是感觉不到被理解，甚至感到孤独。

比如我最近在咨询中遇到的一件事：一个女孩跟他的男朋友说，她有时候看到自己曾经的那些同学都出国啊、高升啊之类的，就有些嫉妒，会觉得自己不好，开始自我否定。然后她男朋友就安慰她说，不要想这些了，这只是暂时的，有一天你会比他们过得都好的。再说了，你跟他们又没关系，不用去嫉妒，总有人会比你过得好的。女孩听了后觉得是那么回事，也觉得自己不该嫉妒，于是就不再说话了。

用道理来安慰人通常是无效的。因为道理即否定，你跟一个人说他可以做某某，意思就是他不该、也无须有情绪状态 A，这是负向的、不对的；他应该有状态 B（积极向上、活泼开朗的）。然后当事人也会认同这种说法，就会拿理想的 B 否定自己的现状 A。我通常把这种状况叫作：和另外一个人一起对自己施加暴力。因为你把这种情绪状态压下去，其实是对自己的一种强迫。

"哎呀，不要不开心了""节哀顺变，想开点吧""不要那么想了""其实你没必要这么想的"……这些安慰都是一种暴力。这种暴力是让人很难受的，明明知道说这话的人是出于好心，但自己就是会感觉没人懂、堵得慌。

2. 走进别人心里的技巧

你说的话能进入对方心里，是件非常美好的事情。这会让你懂得对方，让对方感觉愉悦，你们的关系就会奇妙地亲近起来。而要掌握这个技能其实非常简单，就一句话：

态度大于内容。

对很多实用主义者来说，一开始着实难以接受。事情做好了、利益最大化不就行了呗，哪有这么矫情，讲究什么态度？这就像出门坐火车，能到不就行了吗，要什么一等座？住宾馆有床不就行了吗，要什么星级？买东西质量好不就行了吗，管什么服务态度？态度是什么？态度又不能当饭吃。

说这种话的人，无法体会"感觉"一词是个多么重要的存在，更无法理解感觉比性价比、利益更重要。

你讲道理时的态度是针对人的情感部分的，一个好的态度，会让人在情感、身体上都感到舒服，这个体验就会反过来影响人的理性思考。你给人一个好的态度，让他有好的感觉，他自己就会有思考的能力，领悟到很多道理。

而道理的具体内容则是人的大脑所处理的信息部分，大脑经过逻辑判断、权衡、抉择等过程，做出理性思考。理性思考是难以调控情绪的，比如你不开心的时候想通过理性思考"想开点"，很难。

这就意味着，当我们跟一个人交流的时候，同时是在两个层面上发生着互动：内容信息层面和情绪情感层面，即理性与感受。当一个人在表达自己的烦恼时，他通常只能表达事实层面，传递发生了什么的信息，而很难去表达自己的难过、悲伤、无助等情绪。听的人亦然。听的人只听到了对方的内容信息，而忽视了对方表达时的情绪感受。那么交流在这时候只有一个渠道是畅通的，另一个渠道则被堵死了。那感觉就跟你要说话却被强行禁止了一样，真的会让人受内伤。

因此，我们提供另一种交流的可能性：在处理信息内容的同时，处理情绪情感；在回应对方的话语之前，先看到他要表达的隐藏情绪。

比如最开始说的这个姑娘。她在向男朋友表达自己内心深处的嫉妒时，表面上在说"自己曾经的那些同学都出国啊、高升啊之类的，就有些嫉妒"，情感层面却在说"我觉得我很自卑，不如他们让我很难过。我觉得这样不优秀的我，是没人喜欢的"。而男朋友的回应是"有一天你会比他们都好的"，这句话在说："我很同意你，是啊，你现在的确不好。"因此，姑娘心里就更堵了。

但是如果男朋友能听到她心里的自卑，就可以这样安抚她：我觉得你比他们好呀，证据是一二三。或者这样：你没出国也没关系呀，你没出国我也喜欢你的。这时候她就会体验到被人接纳的感觉，隐藏的担心、自责开始流动，最终完成自我接纳的修通。两个人的关系又被拉近了一步。

3. 如何听到言语背后的情绪情感

走近别人，这个活儿其实很简单。专业术语叫"共情"，你只要共情别人就够了。共情，共的是情，即借助他人的言行，深入对方内心去体验他的情感，并让他知道你也体验到了他心底的那些情感。用通俗的话说就是：别只看他的言语，还要看他隐藏的情绪情感。当你看到那些情绪情感的时候，它们就会流动开来。然后你只要选择合适的方式表达给他们就可以了：用眼睛深情地看着对方，恰当地回应"嗯，嗯，啊"，或者摸摸头、拍拍背等等都可以。

共情跟你是否知道该如何处理别人说的那些疑惑并没有多少关系。当一个人在诉说的时候，只要他被倾听、被理解，他多半是会找出自己的答案的。你给予一个人足够的倾听，积极的关注和共情，他自己就会疗愈自己，自己会找出解决问题的办法来。我们都有过这样的体验：当我在被人倾听的时候，我能讲出很多我自己原本都不知道的东西。这也是前面我们所说的：当情绪情感随着语言的流动而流动起来的时候，它就会变得通畅，反过来影响理性，自动调节自我认知。他的潜意识比作为倾听者的你更清楚答案是什么。

难点就在于：如何识别他人的情绪情感。

首先你得有这个意识。你要有意识分裂出一个自我去做这件事。一个自我在听对方说话，一个自我去感受他的情感。不要怕自己人格分裂，健康的人都得有这个分裂的能力，精神分裂症患者比我们缺的是整合的能力。其次就是把别人当作你自己，去想想看，如果你在对方的处境下时，你会有什么感觉？注意，是如果你是他，在他的背景里遇到这种事，而不是在你自己的背景里遇到这种事。再简单点说，就是把他当成你自己去感受，而不是仅仅把他当成一个和你对话的人。

而这取决于你是否有感受自己的能力。你是不是个能知道自己情绪情感状态的人；你是不是个会压抑自己的情感而只靠理性生活的人；你是否能接纳自己内心的脆弱、邪恶、不愉快；你能否识别你自己没体验过的、自己不接纳的情感。

当你看见了自己，你就有能力看见他人。

4. 日益亲近

一个人自己内心深处都不愿意面对、没有识别出来的情绪情感却被别人看见或接纳的时候，那种感觉太好了。如果你想拥有这种被别人懂的感觉，你需要：少讲道理，多谈感受。因为你讲结论和道理，别人比较容易给你建议或反驳。而你谈论自己的感受，别人更容易理解和接纳。你说"我觉得他太坏了"和"我觉得很受伤、感到委屈，想要被理解、被关心"，你觉得哪种说法相对更容易得到安慰呢？

你也可以多观察自己平时的表达：你有多少部分在讲述事实？多少部分在讲述道理和观点？多少部分在描述自己的感觉？你就会知道自己有多真实、多敞得开了。

如果你想给别人这种"被理解""被走近"的感觉，你也要学会少说多感受，你得忍住自己好为人师的本能、少教育别人该怎么做，多去感受他的情绪情感在说什么，然后替他表达情绪，让他的情绪流出来，让他的潜意识自动告诉他该怎么做。

你永远要记得：**你用什么样的态度去回应别人，远远比你具体回应了些什么更重要。**

理解一个人，
就要把他放到他的成长经历里去

1. 怨恨和理解

理解他人的过程，就是走出自我中心的过程，也是长大的过程，发现每个人都平等的过程。基于你发现了每个人都是平等的，你就不会对人有过高期待，也不会对人有太失望的感觉，也就不会有怨恨。同时，你也深刻理解了他人。

怨恨的意思是：我想要但我没得到，我觉得你应该给我且你有能力给我，但你没有做，你简直太坏了。这是一个求而不得的婴儿对母亲的态度。

而成人的思考过程则是：我想要但我没有得到，你没有做是因为你没有能力给我，或是因为我不值得你为我牺牲，所以你不想。我知道在你的能力和意愿范围内你尽力了。所以我原谅你，不怨你，并且愿意给你我的理解和慈悲。

成人后你会发现，没有人是神。他人不是神，也有自己的无奈和悲哀，不能无限地为你付出。自己也不是神，不值得对方为自己妥协和牺牲太多。可是有的人会迟迟不愿意长大，在得不到的时候只想以怨恨对待他人，不想去理解对方发生了什么，为什么不能为你付出。

2. 理解伴侣

我认识一对情侣。女孩对男孩有着还不错的感情，却执意要离开他，因为失望。女孩无数次问男孩：你将来想做什么？你有什么追求？你对人生的规划是怎样的？对我们的规划又是怎样的？男孩通常都是避而不答，或者轻声说道：没有规划，以你为主。每每如此，女孩就感到悲凉，为什么男孩没有一点责任心，为什么对这段感情这么无所谓，为什么口口声声说着爱，却连把自己划进他的规划里都没有做到。男孩也很痛苦，为什么他这么爱她，她却不信任他，总是苦苦相逼。

我跟他们一起探索了他们的潜意识，然后发现：男孩不敢有规划，不能有规划，规划是个令他恐惧的东西。女孩很惊讶也很不解，为什么他会对"规划"这么美好的东西有这么多排斥。

探索过程中，男孩呈现了他原生家庭的面貌：

在他成长的过程中，每当他有自己的想法、自己的打算时，都会被强行打乱。因为他的父母会替他做各种决定，灌输给他什么是好的、对的，什么是坏的、错的，他只能执行，不能有独立的思考。一个人，如果他每次尝试都受到无情的打击，就学会乖乖地不再尝试，时间一久，就会形成习得性无助。因此他不能有梦想，他保持了最纯真的善良，也放弃了自己的主张。

探索完这些后，女孩泣不成声。她深深感动于男孩的坚强，在如此的环境下他依然一路走来，并且还能有一颗勇敢去爱的心。他需要的是有人陪伴他找回梦想，而不是指责他没有梦想。这和爱不爱没有关系，这只是他的经验导致他的思考方式如此，是他隐隐的伤。而她从来没认真地看待过他的这一面。

然后我又帮男孩看到了女孩的潜意识：

她是重男轻女家庭里的受害者，有个不争气的哥哥。她很心疼父母的劳累，想给他们一个好的未来。她的办法就是努力成就自己，因此她要设立目标，达成目标，一步一个脚印，这样才能有一个好的未来。她的经历告诉她：人只有规划好道路，才能走得好。如果没有规划，只能说明这个人没有责任心。所以她怨男孩。

男孩也理解了她的怨，这背后有着太深的担忧：怕自己没有前途，觉得自己是个不在乎未来的人。不在乎未来，就等于不爱她。

关系的和解有时候很简单，就是要能看到彼此内心深处的脆弱。当你能看到那部分脆弱的时候，你就不会再去怨恨对方。因为你知道了不是他不想承担责任，而是没有能力；你也知道了，其实他是想承担责任的，是爱着你的。你看到了对方的脆弱，同时也就看到了脆弱之下的爱。

而我们不愿意看到这些，是因为我们用自己的经验去理解对方，把对方当成了完全富足的人，把对方理想化为绝对的成人，从而毫不顾及他的成长背景、他的性格特质对他的限制。

3. 理解父母和权威

这可能是人类怨恨的一个雏形。在小孩子的眼里，妈妈是掌握生存资料者，因此她是绝对正确的，而且是绝对有能力的。婴儿天生就理所当然地想向母亲索取，妈妈也该有足够的奶水和爱供给孩子的成长。当妈妈没有满足孩子的时候，孩子就会生出怨恨。

从我们的角度出发，父母也许的确没做好，不是一个好爸或者好妈。一些很简单粗暴的错误，他们都残忍地犯了，剥夺了我们在敏感期培养品质的机会，让我们花费了大量的时间去学心理学，填补自己的缺失，或者以更大的牺牲企图在伴侣那里重新获得满足。我们会恨父母的种种不好。即使你嘴上说不恨父母，你也可能在用疏离的方式表达着恨。

因为真正不恨的标志应该是这样的：妈妈（爸爸），我同情你，心疼你。

因为你会发现，他们的成长经历决定了他们已经最优化地做到了如此。你的妈妈也曾经是个婴儿，在她长大的环境里，承受了她那个年代的各种不幸——没学上、孩子多、被忽视、遭受暴力、被控制、被提出各种要求，都是常有之事。他们经历了战争、饥荒、社会动荡，在扭曲的状况下他们想活下来，只有以心理的扭曲作为代价。然后他们带着扭曲的心，努力地养育了你。他们想要的心理营养，他们作为人脆弱的部分，基本全部被忽视了，没有得到过满足。

甚至他们人到中年以后，人生也尽是无奈。我也是在学了很多年心理学后，回家才第一次敢跟我妈讨论她的人生，她这些年的委屈、恐惧以及对她老公的不信任。当我共情一个历经沧桑的女人的脆弱和悲哀的时候，我看到她默默地流下了泪，我觉得很心酸。

这个女人这些年活成这样也够拼的，她内心深处有一个没有被满足的小孩，从来没有被看到过。她无数次用控制、抱怨来尝试表达需求，却一次次被孩子们说"妈，你别唠叨了"，被老公附和着说"你妈就是这样的人"。作为一个中年女人，不能被老公理解，不能向自己的父母再去索取，她唯一的寄托可能就是从孩子这里获得点什么。她也不想把压力施加给孩子，可是，人的潜意识会让自己的需求通过各种可能性来寻求满足，她不知道，也无法控制。

当我发现她不仅是个妈，更是个女人的时候——我觉得这个女人的一生很可怜，我愿意去爱她而不是再去怨她。虽然我爱她的方式不一定是听她唠叨，但这可能也是一种好方法。

4. 理解一个人的成长经历

当你面对一个看不惯的人，对一个人有愤怒感的时候，通常是因为你用自己的视角审视了他——很容易就能做到的事，他却没有做到。但是当你把他放到他的成长背景里去考量，马上就会发现，其实他已经很努力、很认真了。

我曾经有一个来访者。她刚来的时候，我对她充满了愤怒，她经常不理我，问话也不回答，低头玩手机。这种没有回应的对话，是很挑战我的耐心的。但是我通过访谈了解了她的成长背景后，顿时平静了下来：她十分担心犯错，连说话都是。因此她会有社交障碍，见人紧张，她不知道手往哪里放才是对的，话该怎么回答才不会错。然后我就想：她的父母控制欲是有多么强烈，才会使她被长期压抑成如此谨小慎微的样子。

我突然发现：一个狮子座的女生，被培养成了小绵羊。然后我的愤怒完全转化成心疼。

理解一个人，不仅仅是站在他的角度替他思考，而是把他放到他的成长环境里去理解他的人格，理解他为什么形成了这样的特质，他的什么经历导致了他会这样。当你看到那些无奈后，你心中就生起了慈悲和爱。

正如，你会抱怨一棵小树为什么长得不直、瘦弱，它这么不争气，不好好做一棵树；但当你发现小树的根部压着一块巨大的石头的时候，你就会由衷地被它的顽强所折服：在如此的困境下，它都能找到适合自己的生存方式，顽强地成长。

人本来就是积极向上的，我们所愤怒、抱怨、怨恨的，不过是该那么做的他却没有那么做。实际上，我们只是没有发现，他的确是没有能力这么做，虽然你有时候很难理解他为什么没有能力，你觉得他明明是有能力的呀。但那也只是"你觉得"，从你的背景看，他"应该"是有的。但是你需要把他放到另外两个背景里去看：

①童年成长背景。他的童年成长背景怎样塑造了他的行为模式、人格特质和能力？他小时候经历过什么？这些会对他有哪些影响？他有过哪些创伤？他的能力跟你有哪些不同？他的想法跟你有哪些不同？

②你们的关系背景。你们是什么关系？你们的感情有多深？有哪些共同的经历？在长期的互动过程中，你们对彼此形成了哪些印象？你清楚你是什么样的人，有哪些经历，在意什么、不在意什么，但他知道吗？

最后，理解和喜欢是两个概念。我不喜欢你，但我深刻地懂你后，我就不会再对你有情绪。我理解了你的局限，就不会再去期待，也就没有怨、没有恨、没有讨厌了。我也因此认识到我应该去寻找真正能满足我的对象。

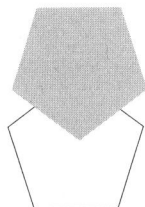

第五辑

不是所有的『对一个人好』都叫爱

原生家庭的
紧箍咒

父母养育孩子，也会"杀死"孩子。作为父母，会希望孩子能健康成长。但父母的另一面，又会希望孩子"不要"健康成长。父母从来都不仅仅是"伟光正"的，他们的潜意识里也会有相反一面的存在。

我想说一些爸妈的"坏话"，讨论父母是如何"杀死"孩子的。这不是说要去责怪他们，而是可以让我们反思一下，自己是怎么"死掉"的，这样就能知道该怎么"活过来"了。

我说的"死"，不是生物学意义上的死，而是心理之死、自我之死。在孩子出生后，大多数爸爸妈妈会不允许孩子成为自己，这其实就是"杀死"了一个人的灵魂。

1. 不能闲着，不能悠然自得

我年轻的时候，一度有个幻想：面朝大海，春暖花开。当然，现在我也不老，却已经开始承认现实，那种生活我过不来。虽然现在我可以不再为生活奔波，但我还是喜欢忙碌的生活。

因为我不能闲着，不能不工作，不能什么都不干。我刚成为自由职业者时，吓得要命，每天心里惶惶不安的，不知如何度日。然后我发现，生活中很多人都跟我一样——不能闲着。有了时间一定要填满它，哪怕是窝在家里看肥皂剧、打扫房间、刷手机、各种折腾，总之不能停下来闲着。

我常想，如果闲下来什么都不干，就这么静静地坐上三天三夜会怎么样。我试了一下，浑身就像要爆炸一样，心里弥漫着焦虑、罪恶、自责，大有蹉跎了岁月、挥霍了黄金的感觉。

像极了爸妈从我小的时候就对我说"不能闲着"的样子。

从小我就不能闲着。在家里，我要是敢闲着什么都不干，通常会面临以下几种结果：

①被数落，被教育。大致意思就是韶华这么宝贵，你怎么能闲着什么都不干呢？然后我默默地恐慌着，好像自己成了罪人一样。

②当爸妈看我闲着的时候，会主动安排我干这干那，不允许我有闲着的时间。

③谁也没安排我，但是大人忙里忙外的，让我看着。当所有人都在忙，而你闲着的时候，你会感觉到被这个世界抛弃了。

于是我的潜意识里逐渐形成了这样的想法：闲着是罪恶的，是不被允许的。而长大之后它会一直延续下去。当然，爸妈不是故意的，但他们塑造的那个环境让我形成了"闲着是罪恶的"这样一种意识。

2. 不能悲伤

爸妈的很多举动都让孩子学会了不快乐。比如最常见的，他们会对孩子说："我对你没什么要求，就是希望你能快乐。"

这句话真是有致命的杀伤力。因为这句话背后有个强烈的声音：

"我都对你这么好、这么宽容了，我唯一的要求你都不能满足吗？"所以你都不好意思不快乐了。如果有点悲伤，你就对不起爸妈了，所以你不能悲伤，不能不快乐。

我经常在我们的课堂里举这个例子：如果从小你的爸妈就跟你说，我对你没别的要求，唯一的要求就是你要穿红毛衣。你要是穿红毛衣，爸妈就很开心、很知足了。这句话被意识和潜意识重复20多年后，你会有什么感觉呢？

你会觉得，只有在不穿红毛衣的时候，才是你自己；但你不穿红毛衣，你就会感觉对不起爸妈。所以你就会在有别人在场的时候穿上红毛衣，而在真正属于自己的时刻，才偷偷穿件蓝色的。

长大后你就成了这样：在人前，我总是很快乐的样子，我没有什么烦恼啊。只有夜深人静的时候我才知道，我喜欢舔舐伤口的感觉，我喜欢孤独的自己，我喜欢独自待着。虽然会感到哀伤，虽然我不怎么喜欢哀伤，但我就是会不自觉地沉浸在一个人的难过里。

那个快乐的自己，是你们要求的。那个难过的自己，才是真正的我。它被压抑了那么多年，不曾被人看见过。

我在别人面前从来不展现悲伤，从来不展现烦恼，我笑着面对每个人，他们也都很喜欢我。但他们无法触摸到真正的我。因为我认为他们都跟爸妈一样——只喜欢快乐的我。

如果爸妈没有容器一般的能力来接纳孩子的悲伤、烦恼、不快乐，就会禁止孩子把这部分显现出来。一旦爸妈有了"不快乐是不好的"这种信念，他们为了维护自己的好形象，就会自动无视孩子不快乐的那部分，而孩子为了表达对父母的忠诚，就学会了认同父母，不允许自己悲伤。

有些人总是不快乐，没有缘由，其实就是因为这是他们唯一可以反抗爸妈、感受到自我存在的方式。因为我快乐了，就是被爸妈控制了，成了他们要求中的那个人。

有的爸妈会更直接制止孩子的不快乐：不许哭，小孩子家有什么好难过的！

3. 不能享受

爸妈的潜意识里常常有句话：你要是敢享受，我就敢骂你。

比如你打游戏打得正嗨的时候，玩泥巴玩得正尽兴的时候，看电视看得正入迷的时候，睡懒觉不想起床的时候……当你胆敢投入地享受某一件事的时候，爸妈的威胁一定会随之而来——你懂的；但是当你过得很辛苦或者很痛苦的时候，比如说学习的时候，写作业的时候，做家务的时候，不想睡却不得不强迫自己按时上床的时候，不想起却不得不起的时候，这些时候却恰恰会安全地得到爸妈的爱——你也懂的。

潜意识不知道什么是对错，只知道安全和享受。安全大于享受。如果安全和享受发生了冲突，潜意识就会选择安全而放弃享受。即：痛苦的事是安全的，享受的事是危险的。所以我们长大后就形成了这样的思维模式：要把自己搞得很奋进、很努力、很吃苦才会感到踏实，因为安全。稍微享受生活的时候，罪恶感、焦虑感就随之而来。

因为爸妈当年一直用行动和语言告诉我们：那是不对的。当然，爸妈为了孩子的身体、视力等着想，会阻止孩子看电视、打游戏。但是阻止的方式很重要，是气冲冲地使用霸权控制、阉割你的快乐，还是在没有剥夺你的快乐并肯定它的基础上不含敌意地解决问题？

4. 不能优秀，要做个失败者

爸妈一直说，你要优秀；但他们也同时在说，你不能优秀。

因为爸妈在做这几件事：他们常说，人不能骄傲，可是骄傲是伴随优秀而来的自然体验。不能骄傲的意思，就是你不能体验到自己是优秀的。你要看到自己还没做到的部分，这样你就体验不到自己是优秀的了。所以虽然你大学毕业，有份工作，能养活自己，你健康、年轻，但你只能盯着自己没有的部分，然后给自己一个 loser 的标签，说好听点叫谦虚，但其实是自卑。

爸妈只会跟你不优秀的那部分进行连接。你优秀的部分——比如说你考了 99 分，做对了很多题，等等——他们是视而不见的。爸妈只愿意搭理你不优秀的那部分：那一分哪去了？这次怎么考的？

我们都知道，潜意识里，坏关系也比没关系强。你优秀了，爸妈就不搭理你；你不优秀了，爸妈才搭理你。你要是感觉到自己优秀了，爸妈的爱就没了啊。所以你只能通过让自己不优秀，来感受到些许的爱。

所以很多人的一生都要这样度过：一直追求优秀，但绝不能感觉到自己是优秀的。即使一时感觉到了，你也必须建立更大的目标吞噬掉它，以感觉到自己还是不够优秀。

这就是听爸妈的话的表现。

5. 不能有需求，不能有感觉

"我想吃这块糖，我喜欢这个布娃娃。""这是叔叔家的，要有礼貌，不能拿。"

"妈妈，他打我。""一定是你做错了什么，他才打你。"

我现在经常见到这样的对话，感觉特别心酸。爸妈有很多的标准和要求来让孩子执行，却从来不管孩子的需要和渴望。

对很多父母来说，做对了才重要，孩子感觉好不好不重要。他们也会那么要求孩子：要有礼貌，要对别人好，要反思自己……至于孩子此刻的感受是什么、需求是什么，是委屈了还是生气了，是难过了还是孤独了，是想被陪伴还是被安慰，是想被理解还是被表扬？都不重要，孩子按他们的要求做就好。

所以我们长大后都懂得人情世故，懂得礼貌、规矩，但我们却不相信有人可以真正满足我们。甚至，我们不知道自己想要什么。我生不生气不重要，重要的是：人要讲理、要懂事，人不能有主见、不能重要、不能独立。

"听话"这两个字，深深地烙在了多少人的记忆里，像一个魔咒一样，贯穿在被爸妈剥夺了主见的孩子的一生中。我常常想问爸妈们：你们在要求孩子听话的时候，考虑过孩子的感受吗？有同等地对待过孩子、听过他们的话吗？

听话的意思就是：你是不能有需求的，因为你是不重要的，我才是重要的；你是不配有主见、有独立思考能力的，我才是有绝对主见的人；你是不能拥有对自己的权力的，我是你的主人，我才拥有支配你的权力。

所以我们长大后，就开始相信专家、服从权威、讨好领导，一切都听话照做。在人际关系中，我们处处照顾别人的感受，以别人为重，生怕伤害到他人。而自己的需要是什么，这不重要。

6. 不能依赖，不能亲近，不能有人爱

我们成长课里很多同学讲起他们的爸妈时，常常让我觉得毛骨悚然：你要自己做，爸妈是不能帮你的。因为爸妈不能一辈子都帮你，所以你要学会独立。

后一句没有毛病，爸妈的确不能帮你一辈子。但是爸妈没有能力帮，和有能力帮却站在一旁观看，给人的感觉是完全不一样的——

一个有能力的、你最亲近的人在你旁边，看着你，袖手旁观。

爸妈这样说的意思是：孩子你要记得，连最亲密的人你都不能依赖。跟你有血缘关系的、生你养你的人都靠不住，没有人是靠得住的。

所以这样的孩子长大后就非常独立自主，修得了马桶、换得了灯泡，不需要别人帮忙。因为他不知道如何向别人发出请求，甚至会想不到：啊，人还可以需要别人啊。

情况再恶劣一点的：有人爱他，他也根本不会相信。我爸妈都不愿意爱我，你怎么可能一直爱我呢？这肯定是假的、暂时的。

我有个学员讲过一个故事：她5岁的儿子让她帮他穿裤子。这个妈妈就在旁边看着儿子说：你自己穿，妈妈是不能一直帮你的。

我问这个妈妈：你是不是看不得儿子有一个很爱他、很会温暖他、很体贴他、愿意为他服务的妈妈呀？因为你从小就没得到过母

爱，你怎么能让你儿子有得到的感觉呢？

然后她瞬间泪奔。

我歌颂母爱，我从来不怀疑母亲的伟大。但除了给孩子提供吃穿这种表面的爱，潜意识里，母亲，包括父亲，对孩子还有更深的爱。那就是：我怎么对自己，我就怎么对你。

爸妈不允许自己有的感觉，也不会允许你有。爸妈自己没得到的，也不想让你得到。因为他们的潜意识里觉得：那是危险的。

他们要保护你。

而你爱爸妈，或者更准确地说，是你需要爸妈，就会无意识地听他们的话，因为这样你才能活下来。所以你就成了跟他们一样的人，即使表面上看起来不像，本质上却是一样的。

爸妈剥夺了你原本的样子，按照他们潜意识的框架塑造了一个人，并规定了哪些是你该做的，哪些是你不该做的；哪些是你该有的感觉，哪些是你不该有的。而你只能接受——从你出生开始，爸妈就在慢慢"杀死"那个真正的你。

但你可以选择"复活"，让自己活过来，让从小就被"杀死"的那个自己活过来。因为当你长大后，你拥有了照顾自己的能力，爸妈无意间对你的那些要挟和限制，都不复存在了。你可以重新选择，哪些是你想留下的，哪些是你想替换的。你可以拥有新的自己、最初的自己，一直不被允许的那个自己。为自己而活。

这也就是那句"成为你自己"动人的原因。

有些人，
一生都没有过家

1. 家是怎样的？

"家"对你来说，是怎样一种体验呢？

你觉得家应该是怎样的？

你渴望的家是什么样子的？

我理解的家，首先是一个港湾。家，应该是一种归宿和停靠。当你累了的时候，家给你温暖与拥抱；当你孤单落寞的时候，家给你陪伴与支持；当你委屈的时候，家人会理解你；当你无助的时候，家人会安慰你；当你开心的时候，可以在家人面前撒娇、任性；当你犯错误的时候，家人会告诉你，没关系，你是可以犯错的。家就是一个让人充电的地方。有了它，前方的路多远多难都不怕。

家应该自由、包容，它是我们最坚实的保护者，是一个温馨的环境，是幸福、温暖的。

我们对家的期待大都如此吧。然而现实却是，对很多人来说这些都是奢望。他们必须不停奋斗，攒更多的钱，犯更少的错，以功成名就来获得安全感。他们甚至不能休息、不能偷懒、不能任性，因为他体验到除了自己，没有人会保护他。有很多人，他们有父母、有恋人、有孩子、有房子、有朋友、有钱、有成就，却一生都没有家。

家人都在，自己却感觉是个孤儿。

这种没家的感觉，从很小的时候就开始了。以至于长大后，我们觉得这很正常。

2. 用恐惧养成良好习惯的家

曾有人给我留言说："有的人好吃懒做，可父母一样爱他，而我却羡慕不来。"看到这句话的时候，我感到一阵鼻酸。我已经想到在他身上发生过什么了。好吃懒做的时候，父母不仅不爱他，还会各种责怪、批评甚至打骂他。

在学习心理学的生涯中，我听到了很多让人心酸的事：

比如说起床。按常理讲，起床应该是自由的。当我们感觉到劳累、疲惫的时候，就是想有个地方可以自在地睡个懒觉。但是很多家庭对晚起这件事的容忍度很低，曾有人跟我说"我必须七点前起床，不起的话妈妈就会拿针扎我起来"。我刚开始听到的时候，感觉这像是电视剧里容嬷嬷在虐待夏紫薇。但是后来她跟我说，这并不是吓唬她而是真的会发生时，我感觉到一阵毛骨悚然。妈妈的动机很好理解：我用一两次暴力就可以让你学会按时起床，治好你的赖床病。这样你会形成条件反射，就是每到七点的时候你会被自然吓醒，因为你不醒就会被伤害。好的作息习惯虽然是养成了，但副作用在她身上也很明显：她对人际关系、亲密关系都缺乏基本的信任——连妈妈都会伤害我，谁还不会呢？她做事有强迫倾向——连起个床都不自由，做什么还能随意呢？她会变得死板，没有活力——我哪敢乱来？

有的妈妈会宽容点，你不起就不起吧，但是早饭不会给你留的。所以你醒了就只能饿到中午，这是为了让你长点记性。然后这时候人的潜意识里就会形成这样的印象：我在这个家是不自由的，是被软性胁迫的，起床都被控制。这个家是冷漠的，我饿了不会有人给我弄吃的，我靠不得别人，只能靠自己。长大后我就真的只能相信自食其力，不敢指望别人了。即使成了家，我也会感觉：我不得不照顾自己，因为没人会真正照顾我。

我还听过有这样的方式：小孩子吃指头，为了纠正这个毛病，妈妈就在孩子指头上抹辣椒油。这样他吃一次就哭一次，几次就成功矫正了他的毛病，让他不再吃指头了。这个妈妈没有学习过心理学，不知道孩子吃指头是找安全感的补偿，是因为对妈妈乳房的需求没被满足，而选择用自己的指头进行替代，为了体会那种我可以抓住东西的感觉。婴儿和小狗、小猫很像，嘴就是他们与外界沟通的主要器官。可是现在他嘴里含不住任何东西了，没有乳头，没有指头，只有无尽的空荡荡，真是绝望极了。他还要面对妈妈那伤害成功后得意的笑。他以后该怎么面对这个世界呢？又怎么能相信别人呢？

那些最应该带给你温暖的人，正在用制造恐惧的方式帮你养成良好的习惯。他们剥夺了你内心的家。

3. 无法自由、不能休息的家

我接待过的很多访客都诉说过他们在家里如何不自由：

他们都有个严格的爸爸或者妈妈，在家里感觉很拘束，坐着站着基本都会被批评，怎么做都不对，做什么都需要调整、改正。卧室要怎么收拾，东西要怎么摆放，衣服、被子要怎么叠，男女朋友应该怎么交，等等，都有明确规定。更可怕的是还有暗中规定，即你不知道有什么规定，做了后才被告知哪里错了。在这样的环境下，孩子回家后，就得先看父母脸色，才能决定要不要看电视、要不要开口说话。一个人连在自己的卧室里都不自由，连自己的娱乐方式、交友方式都不能决定，那么他就会诚惶诚恐、如履薄冰。

人一直处在这种高度紧张、察言观色的生活中，是很容易累的，所以就很渴望喘口气，休息一下。但是对不起，这个家是不会允许好吃懒做的。换句话说，这个家是不允许人觉得累的。

父母不会觉得累，因为他们习惯了这些要求。然而孩子的承受能力完全跟不上，但父母会以自己的感受来对待孩子：做这些很正常啊，你怎么会累呢，你就是懒惰！

累了不能休息、不能娱乐，人就会逐渐感到抑郁和绝望，会觉得，我从来不曾真正为自己活过，我活着就是在应付别人的要求：小时候应付父母、学校的各种要求，长大后应付社会和自己对自己的各种要求，全是压力。

这种感觉就像是 deadline 来临，你不得不调动全身心的能量去应对。但当每天的每件事都有 deadline 的时候，你会怎样呢？

有的人选择了死亡。当死比活着更舒适、更轻松的时候，本能会推着人选择对自己更有利的处理方法。所以很多抑郁的人倾向于自杀。在他们的世界里：我活着不能决定自己的人生，但起码我可以在是否活着这件事上做出自己的决定。

我在医院实习的时候见过一个患有抑郁症的初中生，她厌学在家，消极悲观。医生跟她父母说不要对孩子有这么多要求的时候，她妈妈说：我们对她要求也不高，起码得把初中读完吧，这都初三了。

是的，这样的要求对父母来讲真的不高。但在孩子的世界里，这已经是要求高负荷的驴子再多背一根稻草了。你不能说：一根草不重吧，对你要求不高啊。

忽视了具体情境的要求，都是高要求。那时候，医生和她父母说了一句话，我备受感动：抑郁和感冒一样，是种病。她都高烧了，你还让她去上学啊？她都想死了，你还让她学习吗？

令人难过的是：她的家人并不理解医生的话。家对她来说，没有任何理解可言，只有无尽的压力、压力、压力。

很多家庭是不允许孩子自由表达的。有委屈了不能哭，有意见了不能直说，不想说的话必须说，等等。直接表达或直接拒绝被称为"没有礼貌"，不招呼到访的来客也被称为"没有礼貌"，都是要被惩罚的。所以我们的嘴巴并不是自己的，而是家长的。

父母给我们设置了很多禁忌，家也就成了一个训练场。很多人的父母像训练小狗一样，像军官训练士兵一样对孩子进行行为训练：怎样是对的，怎样是错的；应该做到什么程度，达到什么标准。而他们从来不知道这个孩子的承受能力怎样、适合什么、感受如何，孩子只要达到他们要求的标准就行了。

当然，这不是他们的错，他们这么被训练长大，便只会这么去训练别人。

他们给了孩子一个行为训练场，让孩子长成一个看起来很"不错"的人。懂礼貌、优秀、知分寸，但却孤独、迷茫、抑郁、焦虑、困惑，常常找不到自己的存在感。

4. 我们长大后也没有家

父母当年训练我们的方式，已经内化到了我们的潜意识里，我们已然学会了这么对待自己：严格要求自己，不能不礼貌，不能随便表达情绪，累了不能休息，说话、做事必须得到他人的认可，十分在意别人的评价，必须要让自己忙碌、闲下来就有焦虑感，不敢随便相信别人……

我们对自己有很多要求，有的能意识到，有的不能，但我们却一直在执行这些要求。所以我们从来不去温暖自己，不去宽容自己，我们不允许自己睡到中午，不允许自己有半年的时间放假不工作……

我们的灵魂无处安放，我们的自我也无处安放，只能通过忙碌来逃避。

我们也没有能力给自己家的感觉，自己也不是自己的归宿和港湾。

显然，我们也无法给别人家的感觉。我写过很多文章论述过这两个规律：**你小时候父母怎么对你，长大后你就会用同样的方式对待自己以及和你亲近的人。**也就是说，你父母怎么对你，你就会怎么对待恋人和孩子。你成了和当年父母一样的人。心理学把这个规律叫作"向攻击者认同"，也就是你会成为当年伤害你的人。你爱一个人的方式，就是把他当成自己去对待。

在你小的时候，他们不允许你哭，不允许你懒惰，不允许你逃避，对你要求高，要求你干净、整洁、准时、上进，长大后，你也会这么要求自己的恋人和孩子。每当他们懒惰、逃避、任性的时候，就会遭受你的批评、冷落甚至责骂。那么，他们就会体验到你小时候的感受：这里没有家的感觉。我虽然和这个人在一起，虽然你是我的家人，但我的体验并不怎么好。

然而，你内心深处，依然会渴望着有一个家，渴望有人能懂你、安慰你，能看到你的脆弱、理解你的孤独。

5. 给自己一个家

有人会说：我们也被这样对待过，不也活得好好的吗？

你觉得好，是因为你没有体验过什么才是真正的好，没有体验过有人为你守候、为你存在、让你取暖是什么感觉。你没有体验过自由和被允许，你只是活着。就像有人问读书有什么用，我不读书不也活得好好的吗？找心理咨询师有什么用，我不找不也活得好好的吗？这个问题延伸开，类似：学英语有什么用，不会英语也可以出国；学做饭有什么用，不会也饿不死。

说说我拥有的幸福——这也是我在见过很多不幸的人后，才意识到的自己的幸福。

我在北京的工作是很累的，但回到老家就感觉很好。我早上不愿意起床，我妈就会叫一遍，偶尔两遍，但从来不会超过三遍。一般是喊我起来吃饭，她已经把饭做好了。我不想起，就会直接说我先不吃了。然后我妈会：在我的床头放一个凳子，把饭放在凳子上。在我睡意蒙眬时跟我说：饭放在床头了，起来记得吃，我出门忙去了。

我这么大了，回家还是个小孩。很多人问我为什么敢辞职创业，我说那不是自信，那是有底气。我失败了，我爸会接住我，我可以滚回家，他们虽然没有钱，但养活我还是可以的。但是对很多人来说，失败就意味着无处可逃。

当你一直孤独、焦虑、抑郁、迷茫地活着，你可能内心并没有家。

小时候你没有被好好温暖过，但长大后你可以温暖自己，你可以给自己一个家。你可以放过自己，允许自己失败，允许自己不优秀，允许自己不规律，允许自己任性。这并不是纵容和娇惯。纵容和娇惯的意思是：你不相信人性具有向上的潜能，不相信自己。你不相信人在休息后可以继续干活。

不必害怕，你值得那种幸福的生活。

关怀**强迫症**：
不是所有的"对一个人好"都叫爱

1. 有压力的关心

对于什么是爱，我们最容易想到的和常常做的就是努力对一个人好。我们所谓的爱一个人，就是倾己所有地对他好，甚至愿意付出生命。我们通常认为，关心、关怀就是一种爱。然而，这种爱并不是所有时候都被珍惜，有的时候甚至不被接受。所以才有了这个千百年来无数人在爱恨情仇里纠结了无数次的话题：我对你这么好，你为什么都不懂得珍惜？

这种爱包括：无微不至地关怀与问候，时时刻刻地陪伴与提醒，自己省吃俭用却无节制地给别人花钱，不让别人受一点委屈，经常性地表达爱等。这种爱被他们放大到了极致，爱的结果却不尽如人意。

有的爸妈会在秋天刚刚到来的时候，就和孩子展开"秋裤大战"，想尽招数让孩子穿上秋裤；会为了满足孩子的胃口而挖空心思做他们想吃的菜，一直做，直到孩子吃吐为止；会为了了解孩子喜欢什么而费尽心思；会以各种方式关心、伺候孩子，生怕自己有所疏忽。

我见过一个妈妈，她曾经为了照顾孩子，连工作也跟着孩子考学的城市走。还有一个妈妈，每天会陪着孩子写作业到很晚，她陪伴孩

子的方式就是孩子不睡她也不睡。孩子说，妈妈，你不用陪我了，先
去睡吧。可是她就是要在一旁看着孩子才心安。可想而知，这个孩子
在做作业的时候会有怎样的压力。在这样的压力下，孩子能安心做作
业吗？

有些恋人也是如此，他们在感情与婚姻里鞠躬尽瘁，会为了讨好
伴侣费尽周折，含在嘴里怕化了，捧在手里怕掉了。也有的恋人每天
都会关心对方睡得如何、吃得如何、身体如何，方方面面无微不至。
我还见过一些恋人——更多的是男人——他们会觉得，你要什么我都
给你，宝马车给你开，你想要的任何东西都给你买，为什么你还不满
足？有些女人也会这样想，我什么都给了你，为何你不珍惜？

当我们听说别人是这么关心人的时候，或许我们能意识到，这些
爱是不健康的。但是当这些行为发生在自己身上的时候，我们似乎难
以跳出自己的视角去观察，这份爱到底是怎样伤害到别人的。

2. 关怀强迫症

这种关怀强迫，已经上升到了病态的程度。甚至有个专业词语叫
"Co-dependency"，即"关怀强迫症"，特指依赖别人对自己的依
赖，喜欢关怀别人，不关心别人自己就难受。

强迫关怀是病态的，并且是自恋的。例如食物是好东西，但是你
硬要往一个吃饱了的人嘴里塞，就是一种伤害了。对一个只是口渴的
人却硬要给他食物吃，这也是一种伤害。有关怀强迫症的人最喜欢强
行让对方接受自己认为好的和对的东西，而毫不顾忌他人的需求内容
和需求程度。

在强迫关怀者的世界里有着这样的信念：我认为是好的，你也应该认为是好的；我认为所有人都需要的，你也应该需要。这其实是人类最原始的自恋行为，遵循"我怎样，他人就怎样，世界就怎样"的逻辑。

但是**对他人的关怀如果离开了尊重和理解，关怀就会沦为自私。**没人喜欢被强加，我们每个人生来不同，都有着自己不同的经验以及不同的需求。未经别人允许，用自己的方式去关怀别人，就会形成强迫。

3. 关怀一个人，会导致反抗

当一个人被强迫关怀的时候，就会出现两种反应来自我保护：反抗或者是顺从。

未经别人同意的关心是一种强迫，被强迫会引起一个人本能的反抗。你虽然是想为他人好，但这种好却在剥夺一个人的自由。**我们每个人都需要基本的心理空间来独处，再亲密的人也需要有一点自己的时间和空间来感受自己的存在。**并且，当一个人被关怀的时候，他接受的不仅是关怀，更是期待。关怀者会对被关怀者产生他能变得更加优秀、过得更好之类的期待。

例如，被妈妈陪写作业的孩子，当有一双眼睛在自己旁边的时候，孩子就会感到不自由。当他偷懒或作业做不好、做不快的时候，也会产生内疚感，怕辜负了妈妈的期待。

恋人之间也是这样。当"吃了没""吃得好不好"的关心被重复强调的时候，被关怀者就会不想接受，会觉得失去了自由，感到窒息般的心烦。同时，在他拒绝被关怀的时候又会产生心理压力，怕伤害到对方。

这时候，他就会想反抗。当反抗的力量大于内疚的时候，他就会选择逃离或抛弃。被关怀者的反抗只是一种达到阈限值后的自我保护。

这是非常常见的现象：我如此关心你，你却想离开我。

而当反抗的力量不足以应对内疚感，我们就会转而折磨自己，就会陷入不得不顺从的境地，带着不愿意却不得不委屈自己的心态去满足对方的期待。

4. 当你关心别人时，其实你是在需要他

关怀者的内心有一种强烈的需要：我一定要给出关怀，并且要求对方接受。他们需要给予对方关怀来让自己心安。这种心安就是：我是一个有责任心的人，是好的、有价值的人，是被需要的。

关怀者如果不能实现关怀，就会陷入焦虑。他们会觉得自己不负责任、不被认可、不被需要。他们会不断地检查自己是不是错了、是不是做得不够好，或者进入另外一个极端：指责对方为什么不珍惜，为什么不知好歹，为什么对对方那么好，对方还要无尽地伤害自己。又或者怨天怨地，泛化到认为这个世界上所有的异性都是不好的，老天爷对自己不公平云云。而焦虑和惶恐，正是自己的需要无法得到满足，或认定自己无法得到满足时所具有的心理表现。

怎样判断关心一个人是根据自己的需要还是对方的需要呢？

就是看你是否给了对方自由拒绝你的权利。我可以关心你，你也

可以拒绝我的关心。如果我的关心让你不舒服，你拒绝我，我会感觉到开心，因为我看到了你可以照顾自己。而强迫关怀者则在被拒绝后有受伤感，或者利用对方的内疚感诱导对方不去拒绝他。

5. 情感需求比现实需求重要

因此，在给予关怀之前，有一样东西就显得格外重要：理解他人。

理解看起来容易，做起来难度却超乎我们想象。因为**理解他人就意味着要打破自己的自恋：我不是世界的中心，我没有掌握绝对的真理，他人跟我不一样。**

这无疑是令人难以接受的，这意味着要放弃自己坚守了几十年的观点。并不是所有食物都是好的，甚至并不是所有人都觉得食物很重要；并不是所有时候给别人花很多钱就是爱，甚至并不是所有人都觉得钱很重要。

但这也并不是毫无规则可循，你只要掌握一个原则就可以给出更好的爱来。对于被爱的一方来说，有比现实需求更重要、更核心的需求——情感需求。满足情感需求的难度远远超出身体陪伴、物质付出、生活照料等现实层面的关怀。

情感需求包含了对方所需要的温暖、赞美、认可、鼓励、心灵陪伴、归属、安全感、理解、连接、自由、价值感等，而每个人的具体需求、需求的程度和形式都不一样，因此你需要懂得对方的心理需求，才能真正做到关怀他人。那才是爱。人们更喜欢在现实层面上去关心他人，是因为这种关心要比情感层面的关心容易太多。

6. 真正的关怀

因此，真正的关怀，首先要打破两个执着：

①你认为的好，不一定是对对方真的好，更不一定是别人也会有的需要。每个人、每个阶段的需要都不一样。

②在关怀对方的现实、生活、物质等需求之前，先去关心他的情感需求：他此刻更想要的是尊重、关注、认可、理解、支持，还是其他？

盲目地关怀，只是满足自己的需要，那是关怀强迫症，并不是爱。真正的爱的结果是连接，绝不是远离。**走出自己，才能懂得他人；懂得他人，才能真正关怀他人。**

在关系中，不用总是害怕伤害别人

1. 在关系中怕伤害别人

有的人在关系中，会害怕给别人带来伤害，以至于宁愿委屈自己，也不愿给别人带来一点不舒服。

比如说不敢拒绝。在被借钱、被求帮忙的时候，即使自己不愿意，为了不伤害别人，也会勉强答应。

比如说不提要求。即使自己很希望得到别人的帮助，但考虑到提要求会给别人带来麻烦，也会忍着不说，独自承担。

比如说不表达不满。有的人在坐火车的时候会被隔壁的吵闹声影响，也会选择一忍再忍，不去表达自己的不满。

比如说不能愤怒。有的人在亲密关系中即使对伴侣很生气，宁愿选择默默离开，也不会大发雷霆，因为他们觉得冲突会对对方造成伤害。

不敢带给别人伤害的人，在陌生关系、朋友关系、亲密关系中，都很能忍。他们有很多道理安慰自己：不要计较，宽容待人，多迁就别人一些也没什么，吃亏是福——虽然并没有人告诉过他们，吃亏后，福在哪里。

听起来，他们非常为对方考虑，把对方的感受放到第一位，把自己的需要放到第二位，伟大又卑微。但这样小心谨慎的人，其实从未考虑过：别人会因此而受伤吗？

害怕给别人带来伤害的想法，背后有两种很深的假设。

2. 别人是脆弱的

第一种就是：别人都是脆弱的、容易受伤的。他们会把他人想象得手无缚鸡之力，好像他人对拒绝、要求、不满、愤怒毫无抵抗能力。似乎他们对别人表达一次不满，别人就会受到一万伏特的伤害。而他们出于仁慈之心，必须呵护好别人脆弱的心脏。

这也是一种太看得起自己的表现。好像自己有多大的杀伤力，自己的起心动念、一举一动都会影响到别人的心情，一不小心就能让别人很难受。

这种想象，其实是自我的心理投射：

因为你是脆弱的，每当别人拒绝你、冒犯你、和你有冲突的时候，你就会受到巨大的伤害，所以你会把自己的脆弱投射出去，认为别人都跟你一样脆弱。这时候，你就想通过保护别人来保护那个脆弱的自己。你不愿意承认自己是个脆弱的人，于是就把别人想象得跟你一样脆弱。

但其实别人跟你不一样，你需要通过现实检验：别人真的那么脆弱吗？对于你的拒绝、不满、愤怒等反应，别人真的会感到受伤吗？

检验的结果可能是：别人比你更脆弱，你还没开始伤他呢，他已经从你不够热烈的眼神里感受到伤害了。但即使别人是脆弱的，需要为他们的脆弱负责的是他们自己，而不是你。你只需要照顾好自己的脆弱，在你被拒绝、被冒犯、陷入冲突的时候，能够照顾好自己，不那么容易受伤，你就不会再把这种脆弱投射给他人了。

当然，很多时候，通过检验你会发现，是自己想多了，别人未必受到很大的影响。检验的好处是，你不必把所有人都想得这么脆弱。

3. 真正的恐惧

但其实，即使伤害了他人和关系又怎么样呢？我们每天都在有意无意地伤害着各种人，犯着各种错。那么为什么你会对必然发生的事如此忧虑呢？为什么要有这么强的圣母心，操心别人会不会受伤呢？

对有的人来说，即使理性知道别人没有这么脆弱，也还是会怕。因为万一呢？万一别人真受伤了呢？那结果就太可怕了。

害怕伤害别人的人，背后另一种深层假设是：如果我让他人不舒服、不满意，他人就会非常介意，给我严厉的、无法接受的惩罚。而我自己承受不了对方的抛弃和报复，所以哪怕只有一点点伤害对方的行为也不行，哪怕只伤害对方一次也不行。因为一点点、一次伤害，就足以触发自己内心的这些恐惧。

因此不敢让别人不满的人也在担心：如果我让别人不满，我会被惩罚。

这其实是把别人想象成了苛刻、冷漠、强大到有伤害能力、并不在乎你的人，而同时把自己想象成一个脆弱、无能、离不开别人、无法保护自己的人。对方可以轻易放弃你，而你却不能轻易离开他；对方可以轻易伤害你，而你却没有办法奈他何。这两种人结合在一起，就是施虐者和受虐者的典型组合——一个无所谓，一个觍着脸。

在你的想象里，你们的关系像易碎品一样脆弱。

4. 一两次伤害不会造成关系断裂

这种经验，对你来说可能从小就有：

有的孩子会感到自己对于父母来说是无所谓的、可有可无的。每当孩子给父母带来一点麻烦的时候，每当孩子伤害到父母的时候，父母的脆弱就会被激活，摆出一副"你再这样我就不要你了"的样子。也许父母心里不是这么想的，但他们的姿态如此，孩子就会觉得：我对父母来说是不重要的，而父母对我来说却很重要。我只能小心维护和父母的关系，不拒绝，听话，不提要求，不表达不满，忍、忍、忍。如此，才有活下来的可能。

但现在你需要知道，一两次伤害不会造成关系断裂，持续的伤害才会造成关系断裂，才会造成自己不被喜欢。关系除了伤害，还可以维护。伤害整体值若大于爱和维护的值，才会导致断裂。

关系是一个长期稳定但局部不稳定的系统，在这个系统里，伤害和爱、做好与做差都会交替发生。

只好不坏，只对不错，只维护不索取，这样的关系才是真正脆弱的。因为这样的关系夹杂着太多虚伪，除非你真的是一个对人一无所求、菩萨心肠、毫不犯错的人。

冲突不一定会破坏关系，内心有冲突却忍着才会破坏关系。冲突者和冲突者可能成为很好的朋友，但是敏感者和敏感者却不能。

当然，有些关系的确会因为你与他人产生了冲突、对他人造成了伤害而破碎。但你要知道的是：这些都是不值得你维护的关系。和一个敏感脆弱的人在一起，关系破碎是必然的，你不可能随时都维护好他的感受。但是如果你选择了尊重自己，起码你得到了自己。

能吵架的关系
才是健康的关系

1. 憋着不吵架才伤害关系

很多人跟我说，他们不喜欢冲突，害怕吵架，所以会小心翼翼地维护着某段关系。但我们的观察却是，当一个人因害怕冲突而选择忍气吞声的时候，对于关系的和谐并没有什么用，反而埋下了一颗不定时的炸弹。他们会以不想给对方造成伤害为由选择不吵架，结果却造成了更大的伤害。不知道你会不会同意这几句话：

我宁愿你对我发火，也不愿看你有话憋着不说。

我宁愿你有话直说，也不愿你因为怕伤害我藏着掖着。

我宁愿你跟我吵架，也不愿意看你冷漠地把不开心写在脸上。

每个人其实都一样，有话不说的伤害，其实比吵架的伤害更大。曾经有人问我，你心理学学得这么好，是不是不会生气呀？每当听到这样的话，我都会骄傲地说：不，我喜欢吵架。

让人们关系破裂的，从来不是吵架，而是憋着不敢吵架。憋着就有了隔阂，隔阂就会产生距离。如果吵架能让关系破裂，那么憋着不吵，关系就会更容易破裂。和谐当然很好，但忍出来的和谐并不是真的和谐。

心理学带给我的改变之一，就是让我从一个不敢吵架的人，变成了一个热爱吵架的人。

2. 吵架是一种激活生命的体验

当你精力专注地做一件事的时候，你必然是兴奋且享受的，因为它激活了你的生命，让你在燃烧、在绽放。吵架就是这样，它把你平淡的生活激活了，让你的身体活过来了。所以你会发现，那些敢于经常大声吵架的人，他们的生活是充满激情和活力的，他们活得舒畅且自在，虽然他们会骂骂咧咧，但他们真的活得通透。反之，那些不敢吵架的人，你会发现他们形容枯槁、死气沉沉、没有生机，活着像死了一样，经常让你有想揍他的冲动。

因为不敢发生冲突的人，也就不敢激活自己，不敢专注，他们屏蔽了自己的体验，抽离了自己的注意力。他们潜意识里怕自己控制不住情绪，所以要选择抽离，这一抽离，会顺带着把关系中的全部都抽离。所以不敢吵架的人，经常会给我们漠然的感觉。

那种漠然就像是性压抑一样。你看一个性开放的人与性压抑的人相比，前者就是比后者有活力，虽然你要以后者更道德的名义表扬他，就像你会以"脾气好"的理由去表扬一个脾气压抑的人一样。然而你只会欣赏他，不会喜欢他，更难以靠近他。

做爱的体验也是一种激活，让你全身心地投入，专注于跟另外一个人的互动。观察一个人的生理反应你就知道，吵架和做爱的生理唤起是极其相似的，他们只是激活生命的不同形式而已。

人在生活得单调无聊的时候，也会想吵吵架，激活一下自己，证明自己还活着。某种程度上，吵架就是人用嘴巴释放自己多余能量的一种方式。

3. 吵架是一种真诚沟通的方式

我们从来没有像在发怒的时候那样敢于把所有的话都说出来，敢于把之前一直不敢说的话都说出来。这时候，我们会把对一个人的抱怨、不满、期待统统真诚地表达出来。

之前我们可能不敢，会在理智上权衡再三。经过理智加工的语言就像谈判一样，这在社交中还好，但是与你关系亲密的人也这么对你，只说该说的，不说不该说的，你会有什么感觉？

生气的时候你的情绪会暂时给你的理智打一针麻醉剂，让你的情感直接推着你的话语流露出来，你此刻说的话就是用心说的，且毫无遮掩。在这样的状态下，你可以完全表达自己。

生气的时候人不仅能把所有的心里话都表达出来，而且还能把情绪也都大胆地表现出来，一举两得。

因此不敢吵架是一种不真诚。不吵架的意思就是：我要用理智控制住语言，考虑什么该说，什么不该说；说什么是对结果好的，说什么是不利于结果的。你能跟这样的人亲密吗？

你可以说：那可以好好说啊，干吗要用吵架的方式。这就像是：你可以赚它一个亿慢慢花呀，干吗要省钱呢？

人们之间的交流，通常有三个层次：

①好好说话

②吵架说话

③冷漠不说话

我同意，最好的沟通方式是①，然而这个能力不是人人都能在所有时候都具备的。当①失效的时候，人就会进入②。当②发展不出来或失效的时候，就会进入③。你要求一个人能随时都好好说话，对他来说无疑是个巨大的要求。

4. 吵架是高浓度的沟通

好好说话，有一个非常大的坏处：对方可能听不见、不想听、不在乎。你会发现：当你轻轻表达、好好说话的时候，力度是不够的。要么对方注意力不集中，要么不当回事，听到了但重视不起来，要么直接听不进去。这时候你会发现，双方是在沟通，但是专注度、连接度都远远不够。所以我们就需要加大沟通的力度和强度，来增强两个人的连接，就像你买了很沉的东西，一个袋子太薄，可能承重力不够，你就需要增加个袋子来增加负荷力。

于是潜意识需要我们把平时的沟通加大砝码，把声音变大、情感变浓、投入变多、专注度变高，其表现形式就是吵架了。

吵架，其实就是用高浓度的沟通唤起注意力的方式。

有人说，你的对手决定了你的档次。你跟人吵架，其实就是跟一个人竞争，去争夺对某件事情的主导权。因此，与你吵架的人，你潜意识里已经认为自己跟他一个档次了。你不会跟这三种人吵架：

①比你低很多的人

②比你高很多的人

③不想跟他产生关系的人

人们常说，生你气是因为在乎你，这是不无道理的。因为只有我认为你跟我平等，且我想跟你产生关系，才会跟你吵架。所以你可以大声地承认：我看得起你，认为你和我平等，才跟你吵架。

你也会发现，那些吵吵闹闹一辈子的夫妻，关系是嵌入很深的。相反，那些不吵架的人，关系疏离得很。只有潜意识里对你没兴趣、不想和你产生关系时才不会和你吵架。

跟陌生人吵架，也是如此。虽然你在意识里找不到要跟他在一起的理由，但你很希望对方能照顾一下你的利益。渴望被照顾，这本身就是亲密的冲动。

5. 不敢吵架是对关系的不信任

有时候，我们害怕吵架或者吵架之所以会伤害到我们，只是因为我们自己的心理创伤。吵架可能会激发你被抛弃、被否定或不被爱的创伤体验。

当你还小的时候，爸妈吵架，你觉得这对你造成了伤害。其实伤害你的不是他们吵的架。当他们吵架时，他们不能放开来吵，不能尽情地吵，他们就有多余的能量没释放完，憋在心里。当他们转身跟你互动的时候，你就会成为爸妈多余能量的释放口。他们会对你说："怎么还不去写作业？""怎么又在看电视？""你看你爸（妈）这种人！""都是因为你，我才……"

他们没吵完的架，让你成为受害者，让你觉得恐惧。

你会把这种恐惧深藏起来。长大后每当面临吵架，就会激活你潜意识里早年被植入的恐惧，你对当下吵架的恐惧就会被放大。你会受伤，只不过是因为你闭上了双眼，沉浸在被否定的恐惧里，看不到爱。你妈没有告诉过你"你很棒"和"我不会离开你"，你就不这么认为。这是你对自己的不信任，不相信自己是值得被爱的，不相信自己是足够好的，不相信自己是有力量的。

并且你会假设这种恐惧别人也有，认为别人跟你一样脆弱不堪，怕伤害到对方而不敢吵架。

不敢吵架，也是对对方的不信任。不相信他有能力承担你的情绪，不相信他并不会因为吵架而离开你。因为你没有能力承担。如果他最后离开了你，必然是因为你的冷漠、不爱等因素，很难是因为吵架。

不吵架也是对关系本身的不信任。你不相信你们的情感连接，不相信爱的持续性和稳定性，更不相信你们那么多的付出并不会毁于一次吵架。

6. 敢于吵架

吵架时会愤怒。情绪只是帮助表达的工具而已，本身没有错。如果对方在跟你吵架，你可以只关注他说话的内容，不必理会他的情绪。情绪就是带出他的话语的工具，帮助他向你表达某些想法。他借助情绪对你倾注了更多情感，表达了更多内容。

你从来都没有被否定，也不会被抛弃。情绪虽然会带来些许伤害，但从长期和整体来看，吵架是一种促进关系的行为。就像运动会让身体有酸痛感，但那是健康的，我们不应该因为害怕运动会带来损伤就不运动了。

你可以试着信任一下自己。

如果你不想变成一个活死人，如果你想跟他人建立更亲密的关系，就大胆地吵架吧！你会激活自己和对方，也会迅速推进关系，虽然它也许会让你产生关系被推远的错觉，或激活你曾经的伤痛。但当你不再把吵架与被抛弃、被否定关联起来时，你会爱上吵架，那是你们表达爱的绝妙方式。吵完后相视一笑，你们依然相信爱还在。

能吵架的关系才是健康的关系。我们都喜欢跟亲密的人吵架，跟陌生人客气。潜意识这么选择，是符合一定规律的。

没有人喜欢吵架，但真正的和谐来自内在和谐。如果你内在有了冲突，外在却要为了看起来和谐而压抑自己，则是一种不一致，也是不真诚。**比起吵架，不真诚其实更伤害关系。**

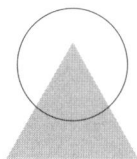

第六辑

先成为自己，再寻找伴侣

辛苦擦地板的你，
是否应该包容跷脚看电视的他？

1. 优越感对关系的伤害

让我们讨论一些很常见又很烦人的问题：

一个辛苦擦地板的人是否应该包容另一个跷脚看电视的人？

一个辛苦赚钱的人是否应该包容另一个在家喝茶看报的人？

一个早起又送孩子又买菜的人是否要包容另一个什么都不做的人？

在亲密关系中，有些人付出了很多，对方却无动于衷，于是付出的人就会有很多指责和抱怨。这些付出的人看起来可怜，却又可恨。

在人际关系尤其是亲密关系中，"优越感"是伤害关系的一大武器。优越感就是：以自己的标准为荣，以对方的标准为耻；觉得自己的标准是对的、好的、高级的，对方的标准是差的、俗的、低级的。如果你对自己的标准有优越感，就会期待对方自觉地、自动地、高兴地、轻松地放弃他的标准，服从你的标准。

比如说，对于擦地板、洗澡、起床、挤牙膏等日常行为——你的标准是地板一尘不染，他的标准是脚有地方放就行；你洗澡的标准是一天一洗，他洗澡的标准是出去见外人才洗；你的标准是到点就得起床，他的标准是有事才早起。辛苦擦地板的人和跷脚看电视的人，对于地板的卫生标准并不相同。辛苦赚钱的人和闲着看报喝茶的人，对于赚钱的标准也不相同。这时候你怎么看待彼此的标准呢？

有的人还会上升到责任感的高度：觉得对方这是不负责任，责任都让我承担了。但其实对方未必同意自己是不负责任的，只能说你们对于责任的标准也不同。到底是你过度承担，还是他过度不承担呢？谁的责任标准，才是对的呢？

当对方的标准跟你不同，你就会有强烈的想改变对方的冲动。这说明你内心觉得自己的标准是好的，有强烈的优越感。你可能会说大家的标准都是这样，这就是你寻找优越感的证据，但这可能是你理解的公众，另外一个人眼里的"大家都"并不是这个样子，他也能找到一堆和他一样的人证明自己是"正常的"。

优越感会伤害关系。一个人如果在你面前嘚瑟自己厉害，觉得你这里那里不如他，你会有什么感觉？

2. 从家庭中学到的标准

从小到大，你接受过很多关于好坏对错标准的训练。

比如，你从小被要求整洁干净，甚至当地上有根头发时你都会被指责。这时候，你接受的训练为：整洁干净是好的。比如，你小时候必须要准时起床，你起得不够准时会被训。这时候，你接受的训练为：准时是对的。地板怎么擦、牙膏怎么挤，人是否要勤劳、是否应该关心另外一个人等，都是如此。你被训练了很多判断这些事好坏对错的标准。你被训练的时间如此之久，这些标准成为一种习惯，以至于你认为这些事很正常，没什么问题。

这些标准的确也没什么问题，但这不意味着另外一种标准是有问题的。另外一个人的家庭教育不是这样的。他来自跟你不太一样的家庭，所以他有着不同的受训背景，对于人生有着另外一套标准。很多人说门当户对多么重要，就是这个原因。但是再门当户对，也不可能有完全一样的家庭。即使一样的家庭里的两个孩子，因为年龄、性格、学习成绩等不同，父母的态度也可能截然不同。

人与人存在差异是必然的。这些差异，有一大部分是来自家庭训练的不同，导致了生活习惯与人生观的不同。可是你只经历过一个家庭，你在这样的环境里生活，所以潜意识里自动认为这是世界上唯一的标准，并且是正确的标准，这时候你就会默认跟你有差异的人是有问题的。

实际上，这个标准只属于你的原生家庭，并不通用。不要尝试跟别人说，挤牙膏从尾部挤就是方便啊，那是你觉得"人应该追求下一步的方便"是好的，对方的家庭标准可能是"人应该追求当下方便"，他就会选择从中间挤。在你的标准里，整洁了就是舒服啊。而在另外一套标准里，不收拾才是舒服的。**每套标准里都有获益和代价，每个人都根据经验选择了对自己来说获益最大、代价最小的那套标准。**

3. 标准即禁忌

标准是一个人内心的规则。一个人的生活需要规则，但过分执着，规则就会成为禁忌。健康的生活，是对规则的灵活使用，是知道什么时候用、对谁用。把不适宜的规则用到别人身上，虽然彰显了自身的优越，但也伤害了别人。

　　你内心的规则是你儿时被训练时遭受惩罚的结果，你违反了规则就会被骂。所以你养成了地板必须整洁、牙膏必须从尾部挤、按时起床、按时洗澡的好习惯。并且，违反这些习惯成了禁忌。

　　禁忌的第一层意思是：我不能做不到。即使我很累，即使我不开心，即使我不愿意，我也不能做不到。

　　如果达不到标准，潜意识会自动判断为：这样我是会被揍的。所以就是再累再辛苦，我也要擦地板。

　　可是我累了。这时候潜意识又会生出一条轻松的需求，那我就只好动员另外一个人替我完成了：地板你擦，我就不用擦了；孩子你多带点，我就可以少带了；钱你多赚点，我就可以少赚了；你多洗澡，我就可以少洗床单了。因为这些事是不得不做的，所以，当目标在实现不了或实现起来很累的时候，人就会将其转移到另外一个人身上，让他去替自己实现。

　　所以当你想让另外一个人替你做什么的时候，一定是你自己不想做又觉得必须要做的时候。假如你是爱擦地板的，另外一个人是否在看电视，都不会让你有强烈的反应。

　　禁忌的第二层意思：我不能做，你也不能做；我必须做到的，你也必须做到。

　　你和我这么近，你是我的自我范围内的人，是我的一部分。我决不允许你做出逾越禁忌的事。所以我不允许自己擦不好地板，你也不能擦不好地板；我不允许自己自私，你也不能自私。

　　当你强迫另外一个人和你一样的时候，就是一种家庭里的霸权主义。这是一种自我界限不清晰的表现，把对方当自己去对待了。

　　禁忌的第三层意思就是：我是渴望突破的。虽然必须做 A，但我

很渴望做 -A。为了避免激发我想做 -A 的欲望，只好让你不要在我面前嘚瑟地做 -A 了。

地板，我其实是不想擦的。我很想像你一样，可以轻松自在地跷着腿看电视，享受生活。但是我不允许自己那么做，因为我潜意识会判定：轻松是会被揍的。那么你也不能做，不然你会激发我的欲望。

4. 所谓责任和付出

有的人觉得人是否应该负责任、负责到什么程度，要按自己的标准。责任属于道德的范畴。良好和谐的关系，一定是内心有动力的和谐，而不是对别人施以道德捆绑。当你在亲密关系中尝试用道德绑架另外一人的时候，这段关系离破碎也不远了。谁喜欢被道德绑架呢？责任，只是被你拿来入侵对方界限、要求他服从你的标准和禁忌的一种说辞。

在亲密关系里，没有人强迫你付出，你那些付出也不是因为爱，而是因为你内心的禁忌。你在为你因童年遭遇的惩罚、限制、要求而学会的标准付出。

如果你愿意，你也可以向对方学习如何安心地看电视，学习突破自己的标准、走出自己的禁忌。地板乱点没关系，不会有人再像当初的妈妈一样指责你。即使现在的人指责你一下也没关系，这并不是抛弃，而是关系的调味剂。

如果不愿意突破，你可以为自己的标准去付出，但你要知道，这是你的事，不要太理所当然、理直气壮地强迫另外一个人。如果你想让他帮你——注意，是帮你，而不是应该——你可以用积极的语言邀请对方，这会比堂而皇之的强迫来得效率高。

如果你觉得改变他很难，则可以接受你们的差异，你为你的标准服务，他为他的标准生活。要知道：一个人对差异的高忍受度，正是一个人成熟的标志之一。

1. "纯洁" 是什么

总有人在异性关系里说: 我们很纯洁啊。有时候他们不是在掩饰, 而是真心觉得关系很纯洁, 只是友谊。在讨论这个问题前, 我们需要先讨论一下: 什么叫纯洁。

有杂质、混合是一种几乎必然的存在。大自然本来就不怎么相信纯洁。可量化的东西尚且难以绝对, 比如说无误差、绝对零度; 不可量化的存在, 就更难以讨论什么纯洁了。比如什么叫单纯得只有善良? 人性中怎么可能只有善良没有邪恶。

友情、爱情、亲情, 这三种人际交互的基本情感, 必然同时存在于任何两个产生互动的个体之间。不同搭配, 产生不同效果。比如说 "友人以上, 恋人未满" "相处久了成了亲情" "红颜知己" "男人的女兄弟" "女人的男闺蜜" "第四类情感" 等。就像大自然实际上只赋予了世界色光三原色: 红绿蓝, 然后不同比例的混合搭配, 才形成了这个多彩的世界。如果你要提纯到单纯的红绿蓝, 估计只能在实验室进行吧。

也就是说: 任何两个产生交互的个体, 都有着爱情、友情、亲情。只是比例不同。至于到达什么程度能被你识别，再到达什么程度你能接受，这些全都基于主观的心理感受，是个体化的感受和选择，没有普遍意义上的标准。

2. 心理上没有绝对性别

一个人在生理意义上有绝对性别，但是心理意义上并没有绝对的性别。上帝造人的时候，在生理上设定了基因，让XY染色体和XX染色体可以量化，决定了一个人的生理性别。但是心理上，却没有区分。

心理学家荣格在这方面的描述是：每个生理男人都有女性的一面，叫阿尼玛；每个生理女性都有男性的一面，叫阿尼姆斯。意思就是说，心理意义上，不存在纯洁的男人和女人，大家都是男人和女人的结合体。生活中非常直观的经验也是如此：男人有女人的一面，女人也有男人的一面。

所以，男人与男人、男人与女人、女人与女人，不同的生理性别的组合，都存在爱情。正如不同的职业、年龄、肤色间都能产生爱情一样。因此不仅异性之间没有纯洁的友谊，同性之间也没有。

我们的文化禁忌，会压抑人的一部分本能。在我们的成长过程中，会被要求按照"男人应该""女人应该"的模式来发展，我们接受了性别认同教育，所以选择性地认同了自己的部分人格，同时也将异性特质的部分进行了压抑，然后以符合社会规则的形式表现自己。比如男人之间的勾肩喝酒、女人之间的拉手逛街，都是在合理地表达同性间的感情。

如果再进一步发展，会因禁忌激发出自我惩罚感，这种自我惩罚会以罪恶感的形式表现出来——你一想到自己居然对同性有感觉，就会产生恶心感。所有的恶心，本质上来说，就是太向往，**禁忌即崇拜**。在一个人的成长过程中，如果没有接受过多的性别认同教育，比如说把一个男孩子放在女人堆里养，把女孩子完全当男孩子养，同性恋发生的概率就会更高。

"恋爱"就是个心理意义上的名词。处于恋爱中的，一定是心理上的男人和女人。他们的性别、年龄大小、头发长短，都是外在形式而已。

友情本身就是一种合理化了的爱情。所以如果你介意伴侣和异性的友情，最好同性的也介意一下，这样比较保险。

3. 亲情、友情和爱情，没有显著界限

心理学家也做过无数研究，证明人从婴儿期开始，就对父母中异性的一方有了性幻想，父母对婴儿也有。这就是著名的"俄狄浦斯情结"。每个男孩在3岁的时候，这种潜意识冲动最为强烈，即弑父娶母的幻想。女孩也是，你会发现女孩在3岁后会有意无意想推开母亲靠向父亲，会阻止母亲同父亲亲密接触。这就是爱情的雏形。

爱情是不分角色和年龄的。不会因为你是我老板，或者你比我大，我就不会爱你。同理，也不可能因为你是我爸、你比我大20多岁我就不爱你。然而这并不妨碍他们之间有血缘、有亲情。亲情里都是夹杂着爱情的。或者说，亲情是在恰如其分地掩饰爱情。

亲情里同样夹杂着友情，不然不可能在一起愉快地玩耍。更不可

能"把孩子当成朋友"。

父母在心理上也不一定时刻都充当父母的角色。父母经常把孩子当成自己的父母，用要求"听话"等方式要求孩子照顾自己的情绪，父母的很多心理需求需要从孩子身上得到满足。

4. 爱情就是纯洁的?

在一起久了的感情最不纯洁。心理学家哈菲尔德研究发现，爱情有两种：激情爱和伙伴爱。激情爱就是最原始冲动的短时间爆发，这时候两个人的荷尔蒙在顶峰期。随后会发展为伙伴爱，又称为亲情爱、友情爱。两个人结婚后相处久了，就是很好的朋友，就是亲人。你能说这只是爱情? 友情? 亲情?

爱情，也是亲情的延迟版。心理学还有一个已经被无数次证明的定律：所有的亲密关系都是早年母婴关系的翻版。也就是你对一个人的爱情，实际上是因为他承担了早年间母亲的功能。男人、女人找的，一定是早年的妈妈。当年妈妈没有给你的，对方给你了，你就会爱上他。

纯洁的爱情只存在于幻想中。我们无法真正看见一个人，无法真正了解一个人。我们爱上的除了这个人本身，还有一大部分是我们自己用想象填充起来的。所以，当面前这个人跟我们想象的部分有差异的时候，我们就会跟他产生冲突。因为我们爱上的不仅是他，还有那个被我们理想化的人。这就像我们爱猫爱狗爱某明星：你并不了解他们真实的内心。实际上，你只是一厢情愿地把一个理想化的爱人形象安在了面前这个对象身上。

5. 忠诚存在吗?

异性之间没有纯洁的友情，恋人之间没有纯洁的爱情，亲人之间也没有纯洁的亲情。纯洁，只是一种理想化的、不可实现的状态。即使你处在一段恋爱或婚姻关系里，依然会对伴侣之外的人产生冲动、幻想，这就是哈菲尔德说的激情爱。**人可以不谈恋爱、不结婚，但不可能不产生爱情。**

那么，恋人之间究竟存在忠诚、专一吗?

遗憾的是，不存在。人可以控制自己的行为，不去跟别人上床或接吻，但不可能控制自己的感情不产生冲动。精神出轨是种必然不可控、不受意志力支配的行为。你还要用意志力要求恋人吗? 那就像是要求某人做梦不要梦见其他异性一样。

所谓忠诚，只不过是恋人之间原始安全感匮乏的一种补偿。我们无法确定自己是值得一直被爱的，也不相信自己和对方，所以要拿婚姻、忠诚、专一、誓言等外在形式来固定感情。我们太怕它不稳定了。

因此，强调忠诚，本身就是因对感情不稳定性的一种确信而产生的补偿心理。

当然，婚姻还有其他社会意义和功能，我们不讨论。补偿不稳定感只是它的功能之一。要求伴侣绝对忠诚，你必然失败。即使他同意了，他自己说了也不算。人的本能、潜意识并不受意识支配。语言是受意识支配的，但意识能支配的范围太有限了。

有人会反驳：我的确对他 / 她没冲动、没想法，也不想跟他 / 她在一起啊! 你们只是没有称对方为"男朋友"或"女朋友"而已，但不能说没有爱情。人与人之间只要有连接，就会有感情。只要有感情，就会有爱情。

但爱情很难被承认。所以要整些"友人以上，恋人未满""第四类情感""我和他没什么""我们虽然是异性朋友，但是很纯洁"之类的话来掩饰爱情，这最多叫：我对你有感情，但是你还没有到达能和我谈恋爱的级别。

这个很好判断：假如你可以有 1000 个伴侣，你会考虑把他 / 她算一个不？

因为爱人只能有一个，所以你要掩饰。你掩饰的好处是很多的。比如说可以防御自己"花心""混蛋""流氓"的罪恶感，继续假装自己是个好人；比如说不会吓着对方；再比如说，防止被某某人揍。

爱人只能有一个，但是爱情对象，必然有很多。只是由于意识和潜意识里的某些原因，我们只能有一个有名分的恋人，其他的爱情对象就必须以冲动、友情、知己等名词来掩饰。当然，这不是故意的，而是潜意识的自我掩饰。

6. 该如何面对感情？

最后，我们就要重复一开始的问题了：你对别人的感情达到什么程度才能识别到？再达到什么程度你能接受？

你的伴侣对别人的感情达到什么程度你能接受？一个人在行为上能否选择性地自我节制，这是"度"的问题，不是有没有的问题。而"度"，就是你说了算的。别太较真、别强迫、别追求绝对的安全和纯洁，不然你会把关系"作"得惨惨的。

其实当你用"作"、指责、抱怨、卖惨等方式索要关注时，只会让对方更想远离，而非给你关注。于是想要的人就得不到，就会觉得伴侣不爱自己，就像当年父母不爱自己一样。

因此，某种程度上说，我们找伴侣，其实就是想找一个可以满足我们内心需求的理想父母。我们希望他人能代替父母做他们当年没有为我们做的事，来修复自己内心的创伤。但遗憾的是，伴侣常常没有做那些事。反之，伴侣常常像父母一样再次错误地对待我们。这时候，我们就又一次体验到了自己不被爱，证明了自己不被爱。

7. 好的治疗师，和好的父母是一样的

当一个人来到我的咨询室谈论他的情感关系矛盾时，我会先去做三个评估：

①他在关系中，缺了什么爱？是关注、尊重、陪伴、认可，还是其他？

②他的父母在他小时候没有做什么，或做了什么，导致了他有这样的缺失？哪些是好的父母该做的事情而他的父母没有做的？

③我能避免做错的是什么？我可以做的是什么？

然后我就可以完成一次很好的治疗，让他体验到什么是被满足。他就可以带着这种经验在生活里自己去创造满足感了。

我有一个来访者，她对伴侣极度不信任，占有欲又非常强。需要伴侣时时陪着她，她才安心。不在一起的时候信息要秒回，伴侣要天天给她打电话、发短信，她才觉得自己是被爱的。

第一个问题：我发现她需要的是稳定感——伴侣不会抛弃她的稳

定感。表面上看，她要的是信息秒回、天天联系、时时陪伴，实际上她想问的是：你在吗？你会离开我吗？你会不管我吗？她偶尔"作"一下来验证：你还在吗？这是真的吗？

她的伴侣会因为被要求秒回信息、过度打电话而想离开她，她真的体验到了不稳定。于是她更想死死抓住对方，于是又开始吵架，陷入了恶性循环。

然后我跟她探讨了第二个问题：父母做错了什么呢？

她说很小的时候经常不敢睡去，一旦睡去后醒来就会看不到妈妈，她使劲哭，哭了好久，妈妈才满身怨气地回来。小孩子睡觉醒来第一件事就是找妈妈，在确认妈妈的存在后他才觉得安全。当他找不到妈妈的时候，就会觉得世界不安全了起来，好像自己被抛弃了一样。这个来访者小时候内心充满了不确定感，她长大后就需要时刻确认伴侣是否稳定。

妈妈的确做不到随时守护在孩子身边。但健康的父母应该做的是：在发现孩子醒来后，及时给予安抚，告诉孩子"别怕，我在"。而她妈妈做的是：满身怨气。

于是我思考了第三个问题：我可以做的是什么？

作为治疗师，我无法秒回她消息、无法随时联系她，我有我的生活，有我的工作。但我可以在联系她的那一小时里，给予她稳定感。

每当她挑剔、抱怨我的时候，我内心也会升起想放弃她的念头，觉得这个人太"作"。我会意识到，她在"引诱"我变得不稳定。于是我没有按照我的感觉去做，我只是对她说：我感觉你在挑剔我的时候，其实是很需要我的。虽然我做不了那么完美，但会尽我所能一直陪着你成长。即使你觉得我不好，但只要你还没走，我就一直在这里陪着你。

这时候，她就体验到了我的稳定感。然后她就内化了一个好的治疗师，开始相信这个世界的善意：自己并不是随时被抛弃的那个人。她也知道了如何在生活中去表达自己的担心，而不是通过"作"的方式。

8. 成功的恋人和成功的父母做的是一样的

在爱情中亦然。把握好治疗师能做的那三件事情，你就是个好的恋人。你要去知道你面前的这个人：

①此刻，他需要你给予他哪种爱？

②他在父母那里曾经是怎么缺失的？

③你可以怎么正确对待他？

这三个问题中，第一个尤其难。好的恋人要做的第一件事就是：知道对方需要什么，并准备好给他。

一个敏感的妈妈是能觉察到孩子的需求的，往高级了说就是"连接""心有灵犀"。妈妈会下意识地看看孩子在不在身边，确认他的安全，会隔段时间就想看看孩子怎么样了。她能及时地意识到孩子此刻需要什么。当孩子还没有学会说话的时候，她就知道什么时候该喂食，什么时候该抱抱。只要孩子发出一个小小的信号，她就知道该去满足他了。

在爱人之间，是有这种敏感性的。母亲对小孩子的爱很明显，热恋中的爱人也是如此。热恋中，你能及时觉察到对方需要的是什么，并愿意去满足他。爱久了也有默契，你看那些多年的亲密夫妻就具有这个特点，他们眼神一动，就知道彼此在想什么、需要什么。结婚的时间越长，越懂得彼此的眼神。在我课上的一个学员就曾经说：我老公一回家，我看到他的背影，就知道他今天心情怎么样，大概发生了什么。实际上，这种敏感是可以而且很容易做到的，只是需要你真的去用心培养。

用心的基础就是——你爱他吗？你愿意走进他吗？

有的人会反驳说："他不说，我怎么知道呢？"感觉是很难说清楚的。他不说，你也可以知道，比如利用你的敏锐观察，比如通过学习心理学练习自己的敏感性。

如果你想成为一个好的恋人，就要去思考伴侣这些跟你不一样的地方，观察他的创伤，观察他的需求。

很多人还会计较：我不是你的妈妈，我只是你的爱人。你妈妈欠你的，不该我还。道德上来说，无可厚非，你不该承担这些。但是实际中，他妈妈欠他的，他妈妈不还，他的心理师不还，只能你这个恋人来还了。谁让你要爱他，跟他在一起呢？

同样，如果你想遇到一个好的恋人，你则需要把这三个问题表达给对方，而不是"作"。你对自身敏感，能知道自己的需求，能知道自己被怎么对待了，能知道被怎么正确对待会让自己舒服，你都可以通过合适的方式去向伴侣表达，帮助他成为一个成功的伴侣。

1. 理所当然，是对一个人付出动力的扼杀

上过我们课程的一个学员，曾经因为老公的外遇问题找到我。她十分难过地向我诉苦，说老公如何不爱她、背叛她，并且没有悔过之心。她想离婚，他都不挽留，这让她心灰意冷。她不明白为什么当初那么宠她的老公如今变得如此冷漠，难道曾经的那些爱都是假的吗？

我问她：老公以前爱过你吗？

她说：以前他对我很好，非常好。

那他以前对你很好的时候你满意吗？

满意啊。

那你满意的时候会告诉他吗？

不会。

不满意的时候呢？

会。

这就很好理解了：如果一个人对你付出 7 分，然后你看到了他有 3 分没满足你，你指出来了。他再付出到 8 分，你看到了他有 2 分没有满足你，你指出来了。那么这个人在这样的环境下久了会发生什么呢？

付出 7 分等于 0 分，付出 8 分等于 0 分，付出 0 分还是等于 0 分。换成你，你还愿意付出吗？这时候再遇到一个付出 3 分就能被当成 8 分的人，你会怎么做呢？

对一个人的付出不回应、忽视、认为理所当然，是对一个人付出动力的扼杀。无论他做什么，你都没感觉、看不见，只享受，还挑剔他做得不够好。偶尔他让你满意一次，你又绝不说出来或一带而过；而当你不满意时，就浓浓地抹上一笔，并且要上升到"你不爱我了"的高度。还有比这样对待一个人更残忍的方式吗？

我又问她：现在对你如此冷漠的老公，已经对你没有一丁点爱的行为了吗？

一丁点都没有。

你确定一点点都没有？

有一点吧。

哪点？

……

然后她潸然泪下，骤然发现，这么多年来她怎么一直忽视了自己其实是被爱着的这一事实。

2. 被吞没，是每个人内心深处的一种恐惧

在我们成长课上出现过很多这样的人：曾经有一位女士对她老公一点家务都不做感到特别气愤。有次她老公回到家后没换拖鞋就进了屋，她非常生气：

我刚辛苦拖完地，你就这么踩进来了！

老公说：我没看见，又不是故意的。你再拖一遍就是了，多大点事！

她说：你一点活都不干，凭什么我整天拖地！家务应该均摊！

……

你可以想到接下来他们的争执。

"多大点事"就是一个地雷，意思就是你做的都不值一提。老婆真的那么想要老公也拖地干活吗？未必。其实换一种方式可以完全不一样。如果老公回到家不是没换拖鞋就进门，不是对一尘不染的地板视而不见，不是说一句"我没看见"而是夸赞"老婆，你把地板拖得真干净啊"，结果可能会很不一样，因为她的付出被看见了。老婆真正在意的是老公不知道感恩和珍惜。

这个老婆之所以特别介意老公不干家务，除了劳累之外，还有一个因素就是：人的潜意识会渴望对方也能做同样的事情，这样对方就能感受到自己的辛苦和付出了，不会只认为这是"多大点事"。

这种现象非常常见。比如当你的成功被另外一人说成运气的时候，就会生气地反驳，那你自己来试试看，你不在其中根本不知道那些苦。

自己说自己的成功是因为运气好，这是一种谦虚。别人说你成功是因为运气好，就是对你努力的忽视和否定了，你就容易对他"呵呵哒"，产生不满情绪。

在关系中，付出和努力更需要被看到，甚至被回应。当下的付出你没有给我回应，我就是会有被吞没感，因而想停止继续付出。

被吞没，是每个人内心深处的一种恐惧。

3. 回应是对一个人非常重要的付出

回应是对一个人非常重要的付出。回应的意思就是：我不仅看到了你没做好的部分，我更看到了你做好的部分。我看到你在各种情景下所有的付出。即使那是你应该做的，我也想告诉你，我看到了，接收到了。并且，我很感谢你。

缺少回应，就会给对方造成一种自己没付出的错觉。就像是向水面扔了一颗石头，却没有激起水花，没有响应。你会怀疑那是不是个黑洞。

对于你的不回应，对方会将其等同为自己没有付出，这就会激活他自身的挫败感。他会觉得自己没用、无能、做不好，然后想做更多。短时间内，你是获益的，因为你的忽视让他加倍付出了。但是你很快就会透支完他的付出，让他体验到付出和不付出一样让人痛苦和压抑，都不会被看见。

正如你在一片土地上种下一粒种子，满怀希望期盼它能开花结果。一段时间后，它没有发芽，然后你恍惚了一下，怀疑自己可能是忘了播种，于是你又种了一粒，再种了一粒。土地很贪婪地得到了好几粒种子——结果却是，你可能再也不会在这里播种了。

4. 你相信自己值得被爱吗？

你为什么会如此地习惯于不回应别人的努力和付出呢？

我去问这些不习惯回应别人的付出的人：如果你看到了对方的付

出，如果你重视了对方的付出，并且当下就表达对对方的感激和内心的感动，会怎么样呢？这些人有至少三种潜在的恐惧：

①怕你骄傲，怕你不付出了。这就是小时候爸妈常对孩子说的话：不要骄傲。所以不表扬你，不看见你，不认可你。实际上呢？对一个人的看见和认可，会让他停止脚步吗？他只会更开心地去做而已，因为你让他知道，那是有意义的。

②我就欠你的了。如果我重视并接受了你的付出，我就欠你的了。我还得总想着还，这种感觉给我很大压力。这是我们内心深处很强烈的不值得感，我不值得一个人对我好，所以如果我深深感受到了一个人的好，就必须回报他来抵消我的不值得感。可是我不想为他做更多事情，所以就只好选择忽视，假装看不见他的付出。

③我就会依赖你。如果我重视并接受了你的付出，就会习惯于你的好而失去自我。万一哪天你走了、你不付出了怎么办？我内心无法相信一个人会永远对我好，所以不能放开来依赖他，不能完全信任他。这也是我们内心深处很强烈的"不值得被爱"的感觉。因为你的内心深处并不相信你们会一直在一起，并不相信他会一直对你好，所以你就这么一步一步地让你"期待"的事发生了。这就是人的潜意识：宁愿相信自己的感觉是对的，也不愿意相信事实是好的。而**完全信任和依赖一个人，需要非常强大的心理素质。**

因此核心问题就是：你的内心深处，愿意相信美好、幸福和爱是属于你的吗？你敢享受被爱的感觉吗？

5. 你会回应自己吗？

不回应别人付出的人，其实也看不见自己的努力。你也总是忽视自己的努力，不肯欣赏自己。一个不能欣赏和看见自己的人，是没有能力看见他人的。

你一定也有一个总是被忽视的童年。你做什么，都不被爸妈看见，无论你怎么努力，你被看到的都是没做好的部分，得不到肯定和认可。长大后，你就学会了这么对自己，不爱自己；而同时，你也会这么对别人，不能爱别人。

在积极心理学取向的咨询里，我们会倾向于写出自己和对方的20个优点。你也可以练习一下，去寻找你还在爱的证明，而非已经不爱了的证明；去发现自己做到的部分，而非没做到的部分。

你盯着哪部分，哪部分就会变多。

对一个人的付出最好的回报就是回应他。对自己也是这样，看到自己的辛苦和努力，然后安慰和欣赏自己。这样，你也就能够看到他人的付出了。

1. 他是不是不爱我了

"他是不是不爱我了？他一定是不爱我了，他都做了 ABCD 了，这说明他不爱我了。"很多人会因为这样的内心活动而产生感情问题。我听过的故事有：

"周末他也不回家陪我和孩子。你说他忙吧，我也理解。可是即使他回家，也是一个人在那里闷头玩手机，不怎么搭理我。他就是不爱我了。"

"离婚前，我最后问了他一遍'你爱过我吗？'，他居然说'不爱你，我干吗要娶你'。我觉得他连个正面的回答都说不出来，就是不爱了。"

"有次我生气了，老公跟我对骂了一顿却没有哄我。我觉得哄哄就几句话的事，为什么他不愿意做呢？这么简单，他都不做，他一定是不爱我了。"

"我怀孕了，经常一个人去做检查。我害怕极了，觉得一个男人在你脆弱的时候、去医院的时候都不陪你，是靠不住的。"

"他一点都不爱我。看到我累死累活的时候，他熟视无睹。在我痛苦挣扎的时候，他云淡风轻。在我需要陪伴的时候，他无影无踪。"

总有人觉得：

你在意什么，就会花时间在哪里。你爱一个人，就会花时间陪他；你爱一个人，就会经常夸他而不舍得骂他；你爱一个人，就不会想让他受苦。他们有很多的"爱一个人，就应该……"。并且他们觉得，这些事情都是很简单的，是举手之劳。

他们有很多的证据证明对方明明做得到：我都做到了，你也应该做到；你对别人能做到，却不对我做；刚认识那会儿能做到，现在却不做了。他们觉得，你能做到却不去做，这只能说明你不爱了。然后就，分手吧，离婚吧。有时候只是想想，有时候会付诸行动。

这个逻辑，不知道葬送了多少亲密关系。

可是，我们该怎么定义被爱呢？我特别想同意你的看法：爱一个人，就是应该陪陪他、关注他、夸夸他、看见他、理解他。在需要的时候对方会出现，在无助的时候会被满足。这些真是很简单的事，有时候就是一句话的事嘛，就是一个简单的动作嘛。

可是他就是做不到。为什么呢？一定是哪里出了问题。

2. 付出，是需要能量的

没有人能对一个人"一直做到"。我们经常做这样一个实验：如果让你举一支铅笔，你能举起来吗？非常简单。但，请问你能举多久？

如果你能时而拿起来，时而放下，举一生一世都是没问题的。如果你一直举着，或者在被随机检查的时候需要举着，并且"连个铅笔都举不起来的时候我就不开心"。请问你能举多久呢？

一个人可以暂时性地做到，可以偶尔做到，可以经常做到，却无法一直做到。

你说，我没有要他一直做到啊。你要的当然不是一直，你要的是当你需要的时候他就得做到。要实现这点，他只能处于 24 小时待命状态。在你抽查时，如果他有一次没做到，你就会启动"你不爱我了"机制。你可以问问自己：如果他不是 100 分，如果某次他没有做到，你可以原谅他吗？如果你某次感觉到了不被爱还是会伤心，那其实就是在期待 100 分的爱。

一个人愿意为另外一个人付出，不仅需要爱，更需要能量。当疲惫的时候，有心事的时候，人就是什么都不想做，也不想管另外一个人，甚至自己都不想管，就是想看看手机，发发呆，跟别人聊聊天，做点轻松的事情。人此刻就是没有能力、没有精力、没有心思去付出，就是匮乏的。那时的他，没有能量爱你。

有时候，就是有些东西比你重要。有时候甚至都不需要理由，就是此刻不想爱了。你对一个人，没有过有时候讨厌、有时候喜欢，有时候爱、有时候烦，有时候觉得他属于自己、让自己感到很安全，有时候觉得他很陌生、跟自己无关吗？

爱是一个动态发生的过程，并不是 24 小时都在发生。

很多事情都是如此。有时候很简单，有时候很难；有时候充盈，有时候干瘪；有时候想做，有时候不想做。恰恰你需要的那一次他没有做，你就觉得他所有时候都不爱你了。那么，你就把此刻当成了永恒。你在幻想一个"如果爱，请深爱，请每秒都爱"的梦中情人。

当你很需要爱的时候，通常只有"我想要什么"，没有"你怎么了"。只有自己，没有对方。

3. 让对方知道，你需要被爱

　　即使他此刻是能量丰满的，有付出的能力，这依然不代表他有了付出的意识。如果他体验不到你的悲伤，理解不了你的困境，也不会付出。

　　很多人，尤其是男生会对恋人的苦楚或困境毫无感觉：不就是发个烧、感个冒吗？又不是什么大病。自己去医院不好吗？浪费时间，耽误工作，我也帮不上什么忙。男人就是应该赚钱比女人多啊，女人就是应该干家务啊。男人就是应该让着女人，保护她、支撑她啊。不就是拖了个地吗？不就是没接到你电话吗？干吗要一惊一乍的！

　　这些理所当然的想法背后，都有这样的问题：他们体验不到求爱的人的困境、哀伤、无奈、痛苦，理所当然地把对方看得非常强大而去要求他，或者认为他和自己一样，会觉得这是无所谓的事。

　　当你需要一个人的爱的时候，就像婴儿需要父母。婴儿需要24小时的陪伴、呵护，但是很多父母做不到。比如说有的父母在上班的时候，会把婴儿放到单位的育婴室，让一个阿姨看着几十个小孩子；有的父母把小孩子放到幼儿园后扭头就走，不管小孩子撕心裂肺地哭；有的父母看到小孩子哭了就训他，说不许哭……

　　在小孩子的世界里，那一刻，他是多么需要父母，需要父母看见他，在他身边保护他、抱抱他，给他支持。父母离开的那一刻，他体验到的是整个世界的坍塌。最重要的人保护不了他，离开了他，再也不回来了。

　　可是在父母的世界里却是这样的：多大点事，哭什么哭，又不是不回来接你了。父母只能看到孩子哭，无法体验到孩子心底的悲凉和痛苦挣扎。因为在他们看来，这的确不叫事。但你说，父母不爱孩子吗？从小孩子的角度看，此刻是不爱的；从父母的角度看，此刻是爱的。

当孩子长大后，遇到了用同种方式对待他的恋人，他的体验就是：我如此需要你，如此痛苦，你都置之不理，你就是不爱我了。恋人的体验却是：多大点事。

更痛苦的是：无论你怎么表达痛苦，他都难以理解。

正如小孩子用尽所有手段表达自己的痛苦，却只能换来父母一句：哭什么哭，小孩子哪来那么多事。可父母还是爱着他的。只能说，没人能成为百分百爱你的父母。正如长大后，没人能成为百分百爱你的恋人。

从动机上讲，父母是很想爱孩子的。我想如果那一刻他们有能力体验到婴儿的感受，那他们一定会选择拥抱他。可惜婴儿不懂用父母能理解的方式表达需求。

那么，你长大后，是否能用自己的方式，让另外一个人体验到他还未理解的你的痛苦和需要，让他意识到这对你的确是件很重要的事呢？

4. 每个人都有他的创伤

即使看起来很简单的东西，也总有人给不了。因为对他来说，这就是困难的。我也从来没见过这样一个人，可以同时做到：能陪伴人，能理解人，能低头，能哄人，能重视人，能保护人，能随叫随到……如果你见到过，我只想对你说：请介绍给我！

比如说低头。一个低自尊的人，真的很难低头。他自己都非常需要被哄、被宠爱、被围绕。他给你这些的时候，就会很吃力。

比如说赞美。从小没被赞美过的人，长大了就没有赞美别人的能力。他自己都还需要被赞美。

比如说陪伴。一个没有能力陪伴自己的人，就是会把自己搞得很忙碌，或者忙工作，或者忙社交。他没办法自己待着，也就没办法跟你待着。他必须靠一个冰冷的客体来填充他的世界，来自我防御，以感受到自己的存在。

有些事客观上很简单，对有些人却是创伤体验，做不出来。比如你对妈妈说"爱"。爱就一个字，可有的人就是说不出来。但你能说这个人不爱妈妈吗？

也许你会说，那我找个在这方面容易做到的人啊。当然可以。但他又会有别的创伤，又会有别的地方无法满足你。然后你准备接着再换吗？

5. 健康的爱

人的局限性决定了他不能每天 24 小时心理能量饱满。有时候他就是恰好在你需要的时候匮乏了、不想爱了；有时候就是厌恶你、烦你、不爱你，甚至还需要你或你的爱滚远点；有时候就是没有能力体察到你的虚弱和匮乏，更没办法满足你的需要；有些方面他就是有自己的创伤，即使想给也非常困难。

所谓天长地久，就是这样的关系被允许持续下去。

健康的爱就是：我有时候爱你，有时候不爱你；心理能量饱满的时候爱你，匮乏的时候不爱你；有能力发现你的痛苦和需要的时候爱你，没能力的时候不爱你；在擅长的领域里爱你，在创伤的领域里不爱你。当我不爱你的那些时候，也许需要你来爱我。

当你内心特别害怕自己不被爱的时候，你就会找证据证明自己不被爱，而不会找证据证明自己是被爱的。

当你发现他不爱你了，继而感觉到痛苦、绝望的时候，也许比起强迫他改变，你为自己做点什么会更容易些。当然，如果你是个厉害人物，你想继续强迫他改变，我也是不会报警的。

你真正需要的是自我成长，是爱自己的能力，是修复自己的创伤，是放下"此刻即永恒"的心。

当他的爱给出来的时候，你安然享受被爱。

当他的爱给不出来的时候，你要学会用自己的爱为自己补上。

当他不能爱自己的时候，你可以去爱他，让他安然享受被爱。

爱是一个互相满足、动态平衡的过程。成熟就是：你逐渐发现这个世界和他都不完美，但是依然选择去爱，而不是幻想另寻完美。

相信爱，爱就会回来，虽然有时候并非近在眼前。这就像于婴儿而言的父母一样，他们并不是消失了，不要你了，他们只是去上班了，还会回来的。

1. 渴望伴侣，是渴望外包

在亲密关系的冲突中，多数都是因为自己没有办法照顾自己，希望伴侣能给予照顾。可是伴侣没给，所以自己就生气或者失望了。也就是企图把自我功能外包给伴侣失败而产生冲突。

比如，我有一个来访者，她已经是个很优秀的女生了，但她一直找不到想要的男朋友。找到了也一直换，不想换时就偷偷发展了俩，不含备胎。她很惊慌地找到我说，她总能找到喜欢她的这些男生的缺点。勤奋的，觉得他依然挣不到钱——在大城市，没有背景，靠单纯的奋斗太难有希望；富二代有钱，但万一他父母倒了，他坐吃山空了我怎么办；做生意的，万一哪天他被查了我怎么办。她所有的担忧都围绕着一个点：这些男生是否可以满足我对于安稳生活的需求？于是我问她，为什么不自己去创造想要的生活呢？她说自己能力有限，当然要靠男人。

对于她来说，自己需要的安全感和富足的生活是不能自给的，需要外包给一个伴侣来满足。

我还有一个来访者，她很介意老公对女同事有一点点的好。她常说的话是：他对每个人都好，那我对他来说有什么特别的啊。所以她表现得很强势、很有控制欲，让老公十分反感、胆怯和压抑。于是我问她：你能找到自己的独特性吗？

后来我们在咨询中发现，她不能找到自己的独特性，不能肯定自己存在的价值。所以她需要从伴侣那里寻找确认，希望通过伴侣的证明来感受到自己的一点独特。

我也曾经习惯把自我功能外包给他人。以前我告诉自己，我找女朋友的标准只有一个：当我和她一起走到大街上的时候，别人会看着她，并指着她身边的我说，这女的怎么会看上他啊？因为我渴望优秀而又无法确认自己优秀，就会通过期待伴侣优秀来感受自己的优秀。

那时候，我不懂得照顾自己，所以喜欢成熟的、年纪比我大的姑娘，会很迷恋她们对我的照顾。然后在一起相处并没有多久，我无所不用其极地"作"，就把关系"作"死了。我的"作"主要表现在：希望她可以给我安慰、关注，及时回应我，可以帮我做饭、洗衣服。是的，我找了个妈。我没有办法照顾自己，我把自己对于爱、关注、认可、回应的需求都外包了出去，她需要给我这些并要给足剂量，我才觉得心安。

分手后的那段日子，我是无比煎熬的，感觉整个人被掏空了，有想死的冲动，直到被我的咨询师所拯救。在我的咨询师那里我领悟到：

一段健康的关系应该是两个独立的人的相遇，然后我们借助彼此，完成生命的延伸。即：我有 100 分，你有 100 分，我们在一起后成了 200 分。而不健康的关系是：我是 0.5 个人，我要强迫你成为 1.5 个人，承担起我内心的缺失。

所以失恋之所以痛苦，是因为失恋不是失去了一个人，而是失去了半个自己。

2. 两个成年人的相遇

当我看到这样的自己的时候，便决定走出来，成为一个独立的人。我开始学习洗衣、做饭、叠衬衣；开始学习控制情绪，应对愤怒与失落；开始鼓励自己；开始认可自己，相信自己是优秀的、值得的。我第一次尝试成为一个独立的人。那是我难过、沮丧又充满力量的几年。

然后我开始感谢那段关系，如果不是被抛弃，我可能会一直"作"下去，企图让对方承包起我所有的自我功能，直到她承担不起。而我却一直不知道，自己其实还没长大。

从痛苦中走出来，也会让我欣慰。这是一个长大的过程，首先不必去抱怨对方的残忍或者不完美，因为对方本来就不该承担你的这部分自我功能。而她替我承担了那么久，已是多出来的部分。这让我学会了感激，也让我深深懂得了家庭治疗大师萨提亚女士在离开这个世界的时候，曾对周围的人说的一句话：

不要因为我的离开而悲伤，要为我曾经来过而庆祝。

那是我第一次体验到想从一个小男孩成为一个真男人的感受。一个成年人，首先要独立、完整、自我界限清晰。也就是说，**成年人的基本特征之一就是为自己的想法、需求、感受、情绪负责**。这是属于自己的，在自我界限之内的，所以要为自己负责。

然而，这并不容易。我见过很多人都企图把自己的情绪外包给他人，企图让另外一个人改变，以照顾自己的情绪。并且他们会把自己内心的匮乏用暴力或装可怜的形式展现出来，企图从对方那里得到满足。如果得不到，就会愤怒或受伤。

很多人其实没有在恋爱，他们只是需要一个可以满足自我的工具人，所以就会把他人想象成非常有能力的、可以满足自己的人，并且不能接受对方的不完美。我们课里有很多同学都如此，他们总是在期待换个环境会好一点，换个人或遇到某个人也许就不这样了。这些都是企图把自我功能外包给环境和他人，希望借此得到满足的表现。当你在抱怨对方为什么不对你做什么的时候，你就可以去检查一下：你为自己做了吗？那本来就是你该为自己做的。

3. 先成为自己，再寻找伴侣

这样一来，就会被问道：那找个伴侣有什么用？

伴侣绝不是替代你的自我功能的工具。心理学家说，爱自己，和谁结婚都一样。这其实是想说，我们本身就是100分，遇到谁都会更加完美，只不过是150分和200分的区别。但对于我们自身来说，都是足够的。但和不同的人结婚还是会不一样，毕竟和一个100分的人在一起成为200分，还是比和一个50分的人在一起成为150分更愉快一些。

区别也就是伴侣对你来说是雪中送炭的刚需，还是锦上添花的自由选择。

如何判断自己是否100分呢？

当没有伴侣的时候，你是否依然可以活得怡然自得？当面对不完美的环境，当工作中出现困境的时候，你是能自我拯救、自我突破还是期待外在会改变？当你感觉到悲伤、愤怒的时候，是希望别人来为你负责，安慰你、保护你，还是可以自己照顾好自己的情绪？当你觉得活得很累，没有归属感、安全感的时候，是想拼命抓住一个人，还是可以发展出"心若在，梦就在"的自信，"天下之大，四海为家"的勇气和"此心安处是吾乡"的安宁？

自我的不完整，会导致我们想找个人来替我们活出自己。可是我们又无法全然地把自己交给他，于是就会忐忑地把自己交出去，然后期待、失败、冲突。或者根本找不到这样一个可以替我们承担的人。

于是我们需要先成为自己，然后再在关系中一起成长。

4. 照顾你自己

在小孩子长大的过程中，他会尝试把自我功能外包给爸妈。对于很小的小孩来说，爸妈替他做一些事，要远远比自己做容易得多，并且不会出错。比如说，爸妈替你收拾房间，爸妈替你爱自己、安慰你受伤的心等。

从婴儿呱呱坠地开始，百分之百地需要爸妈的满足；但在长大成人的过程中，爸妈的功能是在渐渐减弱的，到孩子能够在生活和心理上都独立时，就不再需要爸妈了。所以，健康的教育，应该是随着孩子成长的节奏，渐渐放手。

而如果爸妈毫无承担，婴儿几乎未享受过被满足的感觉，他们就会启动幻想机制在幻想的世界里被满足，并把这种幻想投注到每个靠近他的人身上，得不到满足的时候就启动原始愤怒，怨恨别人为什么不满足他。

作为这样的家庭里的孩子，是没办法的事，命运具有不可选择性。但幸运的是：当你长大后，你可以自己重新学习照顾自己。

成为成年人是痛苦的，不仅需要为自己负责，而且还会屡屡受挫。当我开始学做饭、叠衬衣的时候，我觉得，我这么大个人，怎么这些都不会。当我受伤、受委屈，自己舔舐伤口的时候，我也会想，为什么没有一个人可以给我安慰。这就像小时候我们开始学走路、学穿衣一样，我们会跌倒，会把衣服穿反，会讨厌自己的无能，期待爸妈可以替我们去完成。但终究我们还是学会了，并一生受益。

你依然可以去找一个人替你活出你的自我，把你的自我功能承包下来。只不过这就像你爸妈扶着你走一辈子路、替你穿一辈子衣服一样。你的生活是更加痛苦和无趣的。因此，成长之痛虽痛，我们依然要去经历，这是早晚的事。当然，也有人一生都磕磕绊绊、吵吵闹闹，当了一辈子半个人，始终没有独立。只是我会觉得，独立的天空，更加自由和美丽。

5. 成年世界的美丽

成年人的世界非常美丽。你会发现，当你不需要把你的自我功能外包给另外一个人的时候，你才可能去欣赏这个人。之前你都是把对方当作满足你的工具，你的索取、付出都围绕着他如何关心你。而现在，你开始真正看见对方是个独立的人，他有自己的不完美和脆弱，甚至你会发现，那些不完美和脆弱的存在组成了独一无二的他。这就是真正地爱一个人作为人的存在本身，而不再是爱一个被你理想化的工具。

我的那段关系过去那么久后，直到现在，当我蓦然回首，会发现作为一个人格独立了很多的男人，我有满满的爱想去给到另外一个人，而不是在想从别人那里拿到什么。

两个成年人的相遇是美丽的。因为我们本来就是两个个体，可以自由地融合、分开。我们彼此平等，自我界限清晰，又相互扶持、扩充。

有你的时候，我更加美丽，心怀感激。

没有你的时候，我依然完整，安然存在。

1. 人可以浪费吗?

成熟即自由。**一个成熟的人，必然是一个独立的个体，有着明确而灵活的自我界限。** 也就是知道哪些事是该做的，哪些事是不该做的，并能根据情境来调整这些规则。

实现灵活的自我并不是一件容易的事情。很多时候，我们都被那些内化在自己心里的界限所禁锢，却从未知道，我们为了忠诚于这些规则付出了惨痛的代价。

比如说"粮食不能浪费"。有一次，我和一个朋友一起吃饭，当我吃饱了停下等他的时候他还在吃，还说着，好撑呀。然后我就问他，为什么你明明说着吃饱了，嘴巴却还在吃呢？他说，因为没吃完，不能浪费呀。我瞬间意识到，他的标准与我不同：他结束吃饭是要吃完碗里的饭，我结束吃饭是大脑接收到饱腹的信号。我不得不佩服他的意志力，同时也表达了一下我的担忧，剩饭怎么会比你的胃还重要？

我想，有些成功的人也是具备这些品质的：无限强迫自己，以满足自己的既定标准。

最后，我问了他一句："你就从来没想过，'饭不能浪费''人要节约'，可能是错误的观点吗？"

当然，这个观点本身没有错误，只有灵活不灵活。我也很节约，不喜欢浪费，但我会在我的身体和能力范围内尽量做好。比如说合理点菜，但不会强迫自己要为"人不能浪费粮食"这个规条服务。当我发现自己实现这个规条代价有点大的时候，就会调整规条以适应身体，而我这个朋友却选择了委屈身体去适应规条。

2. 工作一定要认真完成吗？

再比如说，我还有个朋友工作很认真、很努力，经常熬夜加班。我看着心疼，经常提醒他，别这么拼，不要折磨自己。他却告诉我，他也不想这样拼呀，但是没办法。我就好奇，怎么会没办法呢？他说，没办法，领导交代的。于是，我在他身上看到了至少三个规条：

①领导交代的工作一定要完成

②做事情一定要认真

③人一定要努力

我弱弱地问了他一句，你就没想过，领导交代的任务可以不完成吗？也没想过，人可以工作不认真吗？人可以不努力吗？

他说，从来没这么想过，也不敢这么想，觉得那是不负责任。

那你就没想过，"人一定要负责任"也可能是错误的观点吗？我怕被骂，所以这句我没敢问。我知道自己会因此遭来很多人的唾弃：人怎么可以不负责任！怎么可以不认真完成工作！我这么说，并不是在鼓励大家不积极完成领导交代的工作，而是要让大家看到自己积极的极限在哪里，并知道我们为这个积极付出了多大的代价。

记得一个 IT 男说，在他 23 岁刚毕业的时候，他的老板信誓旦旦地对他说：到我们公司来吧，虽然薪水少，但是你会成熟得快。两年后，他发现领导说对了，因为 25 岁的他看起来像 45 岁的人一样成熟。

然后我就想：你领导真的需要你这么拼命，熬夜伤身地完成这个工作吗？他需要的可能是你保持好自己的精力，能够表达自己的主见，有高质量的工作成果，而非拼命工作。你的"认真""一定""努力"，可能只是一厢情愿。再者，你父母看到你这么拼的时候会做何感想？你这么照顾领导和工作的时候，怎么就舍得伤害父母和自己呢？难道真的是工作和领导比父母和自己更重要？

显然不是，是你自己把这几个规条看待得比父母和自己更重要。

一个灵活的自我应该是这样的：我积极完成领导交代的工作，如果尽力了却没有完成，那就不完成吧；我可以认真，当我不够认真的时候，就不认真吧；我可以努力，但当我今天累了不想努力的时候，就放过自己吧。

我根据情境判断出最优方案：在伤害自己和伤害领导之间，排除更不想要的选项，而不是从未看到选择。即使我依然选择了伤害自己，那我也看到了这是我选择的结果，不是领导的错。

3. 一定要这样吗？

在我们的成长课上，有个同学在第一次上课时表达了很担心大家嫌弃她、怕自己融入不了群体的忧虑。然后我对她发出了一个疑问：

你一定要融入群体吗？一定要努力做到不被大家嫌弃吗？

当她开始反思这两个问题的时候，焦虑就随之降低了很多。

在我们的生活中，当你感受到痛苦的时候，你就去思考事情背后"一定"要做的是什么，然后去问自己：这是真的吗？

比如说，上课一定要准时，不能迟到吗？一定要认真听讲吗？一定要努力才能实现目标吗？人一定要有目标吗？我一定不能拖延吗？人真的不能给别人添麻烦吗？人真的要处处照顾别人的感受吗？人一定要跟身边的人搞好关系吗？

很多坚持本身没有太大必要，但这些坚持却会让你付出很大的代价。比如，当有一个朋友在等我的时候，我会手忙脚乱地赶时间，因为怕他等太久而心烦。实际上，人家根本没有在意多等几分钟，是我自己在为"不能给别人带来麻烦"的规条而焦虑。比如，当我跟舍友闹矛盾的时候，当我进入一个新的群体却不能融入的时候，我都会焦虑。为了缓解这些焦虑，我做了太多不需要做、并且代价太大的事：小心翼翼地说话、做事，感到紧张，给他们买东西、做服务来补偿……

而这些行为并不是真的在为结果服务，只是为了满足内化于自己心底"一定要怎样"的规条，以让自己心安。

我们是如此忠诚于这些"一定要怎样"的规条，而从未反思过：它们可能是错的，可能不是"必要"和"一定"的。

而一个灵活的自我，就是不断反思这些规条，让它们也灵活起来。它们可以成为价值，但不再是禁忌。价值的意思是，我想选择努力、认真、守时、勤奋、节约，这是我的美德，但我会根据情境去判断要不要去做，以及做到什么程度，这都是由我自己选择和决定的。

实践我的美德，会让我觉得自己是个有价值的人；而当我没实践的时候，我也不是一个不好的人。

灵活的自我需要不断反问自己：我为什么要做这些，为什么要这么做？

这也是自由。

而一个僵硬的、固化的自我则是：我没有执行这些规条，就是不好的。为了缓解"我不好"的焦虑，要牺牲自己、付出巨大代价来执行规条，以让自己心安。

4. 成熟的过程

成熟的过程，就是不断怀疑一切、重构一切的过程。这也是不断建立自我、不断去回答"我是谁"的过程。这就意味着，我们需要创造一个独一无二的自我。我们需要思考：我的界限是什么，我的原则是什么，我的选择是什么，我改变的尺度是什么。

而这也同时意味着：背叛。

背叛我们从小学会的"绝对正确"的东西，重新进行反思并加工，根据自己的实际情况进行内化整合，以让它们成为自己的东西。小时候，老师、家长教会我们的那些道理，都不再绝对适用，我们都需要对其进行重新加工，留下适合自己的，摒弃不适合自己的。

当我在授课的时候，经常会听到有人说：因为你是权威呀，所以要听你的呀。因为你那么说了呀，所以我要那么做呀。因为你是老师呀，所以你说得都对呀。

每当听到这样的话，我都感到毛骨悚然，吓得后退两步。心想，我还是个孩子啊，也能被当成权威？所以每次我开课的时候，都会提前说：我这几天讲的都是错的，除非你知道如何理解或反驳。

除非你知道如何选择适合自己的生活方式，不然你会一直生活在对于规条的忠诚中。而忠诚的雏形是：婴儿对妈妈忠诚，因为婴儿需要妈妈的保护。虽然你长大了，但是你需要安全感，需要别人为你负责，需要被保护，所以你的潜意识就在执行那些曾经让你觉得安全的规条，以假装自己还可以得到保护，并不受惩罚。

就像你小时候只要不浪费粮食，只要听话，只要认真努力，就可以免于惩罚，幸运的话，还能得到奖励。虽然你长大了，但依然用那种心境在过着婴儿时的生活。

背叛也是孤独的。因为你会发现，没有一个规则绝对适用于你，这也意味着你将和所有人都不一样。和别人不一样，是非常孤独和令人焦虑的一件事。但是你一直知道的是：每个人都要成为独一无二的自己，独一无二的意思就是你本来就和别人不一样。

5. 成熟即孤独

但不要害怕，你可以这么想：

你和别人不一样，是因为你是独特的，而不是因为你错了。

成熟即自由，自由即孤独。你是一个独特的人，有着属于自己的生存法则，而不是和别人共用一个规则。没有人和你一样，因此注定会有人不理解你。对你来说，背叛大众规则，就注定要经历一段孤独。因此成熟即孤独。

孤独的另外一层含义就是：一个人就是一个世界。当你能够构建自己的世界、在自己的世界中燃烧的时候，一些奇妙的事情就会发生：你会吸引到很多人，因为你是一个有个性、有自我、有想法、有原则但不僵化的人。

特别的人会吸引到特别的人，你也终将不再孤独。

1. 每个人都是有趣的

我们都喜欢跟有趣的人做朋友。他们幽默、好玩、有主见，总是给我们带来新鲜和舒服的感觉，那感觉就像炎炎夏日里吃了口冰镇西瓜，多数时候都很爽。反之，我们不喜欢无趣的人，这些人死气沉沉、刻板呆滞、枯燥乏味。

我反问自己：我是个有趣的人吗？

我把自己问住了。我有时候有趣、欢乐，有时候无趣、乏味。与其说有时候，不如说是在某些场合面对某些人的时候。比如我参与课程学习的时候，就不太喜欢说话，一说话就紧张，一紧张就发热，大脑 CPU 经常由于性能问题导致任务停止运行，连话都说不清楚。比如在一些陌生场合里，我也常常一言不发。我在与人见第一面的时候，会词不达意，气氛经常被我搞得很隆重，隆重到凝重，很尴尬。还有，我在正式场合也发挥不出来，我穿上西装、皮鞋，瞬间就成了个不称职的模特——木头做的。脑子也跟着不会动了。

但另一些时候我不是这样，我跟人一旦熟悉起来，就会变得活泼开朗、脑洞大开、创意不断，分分钟化身段子手，倾情上演一出《逃离精神病院》的即兴喜剧。我在我自己的课堂里也放得开,头脑灵活、思维敏锐,可以不断输出新观点。不是因为我知道得多,而是我脑子转得快。

有趣未必是一种能力,而是一种在特定情境下的表现。我们在不同场合面对不同人群的时候,就是会有不同的表现。

所以我相信,每个人都是有趣的,只是要在合适的情境中、合适的人面前才能表现出来。

2. 放松是有趣的前提

那么,我们在什么人面前、在什么情境下才会变得有趣呢?

现在我邀请你想象一下,在这样一个环境,你会有什么表现:安全、放松、自由、被无条件接纳、被无条件允许,有一群爱你的朋友,你可以轻松地做你自己,想说就说、想不说就不说,想哭想闹都被允许。

我想你会像打开了奥特曼变身开关一样,骁勇善战,成为有趣的化身,代表月亮给人类带来快乐和创意。在某个环境里,你的有趣程度和你的放松程度几乎是成正比的。

比如在熟悉的朋友面前,在擅长的领域里,你的有趣值会比较高。我在我的课堂里有趣,在陌生人聚会里无趣就是如此。看过某知名作家的一个采访,记得她说她在生活中有些敏感,非常介意别人说她的缺点,但是在文章里却敢大胆调侃自己。

这就很好理解为什么你会在一些人面前十分无趣:

你放松不下来。

不能完全放松下来，是因为身处的环境不够安全。环境是否安全由两个因素决定：

①你对环境的驾驭能力。也就是你自身的能力、水平、知识等，这些硬件水平决定了你是否能轻车熟路、灵活自如、信手拈来地表达自己。

②你对环境的安全感。你是否相信自己身处的环境和身边的人是愿意接纳你的，允许你犯错的。你越是相信自己在这个环境里是被允许的，你的安全感就越高，你就越能放松下来。

因此，成为有趣的人至少有两个方法：

①提升知识和能力，你对一件事的熟练程度决定了灵活程度。

②放开自己，允许自己自由发挥，相信自己一直都是被接纳的。

你的放松程度，决定了你能做自己的程度。你能做自己的程度，就是你有趣的程度。一个能做自己的人，会活在当下，充分调动自己的本能，跟着自己的感觉说话，那本身就是很放松的。你可以观察观察小孩子，小孩子就很有趣，因为他们不知道对错，不知道危险，活在当下，能够做自己，总是有很多出其不意的表达。然后我们用"童言无忌"原谅他们。

3. 有趣来自接纳自己的平凡

有趣是人的本能。只是某些后天因素的限制，让我们变得无趣了。

这个限制就是模板化。我们在长大的过程中，开始被规定什么是对的，什么是错的，哪些是该做的，哪些是不该的。我们变得小心翼翼，害怕犯错。我们内化了很多外在的标准和限制。我们不再知道自己的感觉，开始更加相信自己学会的规则。我们还没开口说话，就已经压抑掉了2/3以上的自己，所以只能呈现一小部分真实的自己给别人，也就是只将一小点生命力展示给别人。这会让我们看起来是个无趣的人。

一个小心翼翼、害怕犯错、不敢冒险、害怕伤害别人的人，是最无趣的。**一个有趣的人，就是敢于绽放自己生命能量的人。**一个无趣的人，则是压抑自己生命能量的人。压抑程度越深，越无趣。

所以另一个变得有趣的办法就是让自己放松，实际上就是：敢于犯错（说错话、做错事），敢于伤害别人。

这对很多人来说，无疑是困难的。但我们换种方式表达就会好点：放下自恋。

在某些环境里，你说错话、做错事、伤害到别人，并不像你感受到的那样具有杀伤力。他人也不像你感受的那样脆弱，能够轻易被你伤害到。你不需要有一个神一样的标准：要求自己从不伤害别人、不说错话。

人活着，伤害和被伤害都是在所难免的事，无论你是不是故意的。你不说话对人的伤害有时候并不会比说错话小。

当你开始相信自己是个平凡人，无论如何都会伤害到别人、都会说错话的时候，当你不再要求自己绝对正确的时候，当你开始相信环境和他人的承受能力的时候，当你开始相信其实没有人太介意你是什么样子的时候，你就开始放松下来了，就能做自己了，也就变得有趣起来了。

4. 有趣来自敢于释放自己

当你开始把注意力从讨好别人转移到表达自己的时候，你的生命力就会开始绽放。你最真实的自己、你的存在感也将开始出现。专业术语叫：敢于表达自己的攻击性和力比多。

攻击性是我们潜意识捍卫自己界限的方式，是一种本能。我们需要不断攻击其他客体，来确保自己的安全。在人类历史上、在动物进化史上，这样的例子都不胜枚举。也就是我们敢于伤害别人，敢于打压别人，彰显自己的力量。不过我们只使用社会允许的方式表达就可以了，比如说自嘲、调侃。**表达方式是很好学的，真正难学的是一个内心深处的"敢"字。**

力比多决定了我们是否敢于追求自己内心的兴趣和热爱。力比多是弗洛伊德所说的性能量，也是一种本能。它的含义是，我们内心深处对自己有兴趣的人、事物、话题，都有参与和得到的欲望。简单来说，遇到喜欢的妹子敢于去撩，遇到喜欢的话题敢于去聊，遇到有感觉的事敢于去做，内心产生了某个想法敢于去执行，就是敢于释放力比多。

一个擅长撩妹的人就是会比一个与女性保持安全距离的人更有趣；一个敢于调侃他人的人就是比一个过于尊重他人的人有趣。这就是敢于释放。

我们通过敢于释放攻击性和力比多来确认自己的存在。当我们可以确认自己的存在，就是敢于做自己的人，能放松的人，有趣的人。

5. 有趣来自被爱

敢于释放攻击性和力比多，来自你曾经被爱的经验。

如果你得到过很多爱、很多允许、很多认可、很多温暖、很多赞美，你会相信自己、相信环境、敢于表达，你对自己的认可程度和对环境的评估会越来越乐观。相反，如果你在一个受控制的环境里，在一个随时可能被惩罚、被抛弃的环境里长大，就容易小心翼翼、无趣乏味。

因此，一个有趣的人，一定是被深深地爱过、被无条件允许过，这让他敢于做自己、能够做自己。

我在陌生人面前很无趣，因为小时候每当我和陌生人见面，我的妈妈总是说：叫叔叔，叫阿姨，叫舅舅，叫……；不许拿糖，不许乱跑，不许……。

我在陌生环境里被允许过的次数很少，所以在第一次和人见面时，我会内向、紧张，那是潜意识里对自己表现不好的恐惧。

长大后，如果有人愿意带你体验那种安全和被接纳的感觉，你体验得越多，就会越有趣。如果你依然没人疼没人爱，就会在人群中深深渴望归属、渴望被爱，而不敢彰显自己的生命能量。

人都是先归属，然后彰显。相信归属，或得到归属，就会走向彰显，走向有趣。

因此，你可以找到一份爱，一个归属。或者相信自己本来就是被人群所爱、所接纳、所允许的，现在的世界和你早年的环境不一样。那么你会越来越放得开，越来越有趣。

我就走在这样一条路上，虽然还是有些内向、呆板，但我能深刻体验到这些年学心理学以来自己的变化。我开始活过来，成了不鸣则已、一鸣"哎哟喂"的人。

有一天，我跟一个初识的朋友吃饭。他的手机响了，微信群里有人问：梦见自己得绝症死了是怎么回事？有人回复：梦都是相反的啦。我这个朋友想问我，这个梦应该怎么解，然后想一本正经地回复过去。虽然分享这个梦的人是个他不太喜欢的陌生人。

我说，既然你不喜欢他，就不需要那么认真。你可以回："这个梦的意思是，你可以准备后事了，记得在遗嘱里写上，多分我点钱。"

当然，我不是鼓励你去伤害人，不是鼓励你犯错，而是鼓励你不要那么下意识地怕伤害到别人，怕自己的形象没维护好。

不害怕犯错的时候，你才有精力做自己，而这才是保护和爱他人的前提。